TURING
图灵教育

站在巨人的肩上
Standing on the Shoulders of Giants

郝尼

邦 尼 教 你 学 销 售

如 何 找 到
更 多 客 户

**邦尼
销售拓客
手记**

邦尼
著

How to Find
More
Customers

人民邮电出版社
北京

图书在版编目（ＣＩＰ）数据

如何找到更多客户：邦尼销售拓客手记 / 邦尼著. --
北京 ：人民邮电出版社，2022.9
（邦尼教你学销售）
ISBN 978-7-115-59893-6

Ⅰ．①如… Ⅱ．①邦… Ⅲ．①销售方式 Ⅳ.
①F713.3

中国版本图书馆CIP数据核字(2022)第151435号

内 容 提 要

我们经常能见到这样的销售人员，刚加上微信就发一堆产品资料给你，或者邀请
你去参加他们的事业说明会，遇到这种情况，你是什么反应呢？换位思考一下，如果
你是一个销售员，你会不会这么做呢？

当我们只以销售人员的角色急切地想找到并成交潜在客户的时候，或许会偶尔实
现业绩增长，但持续增长一定会面临问题，因为我们并没有掌握拓客的本质。销售冠
军出身的作者邦尼，深知销售之难，在本书中，她解析了拓客难的真正原因，并结合
多年实战和教练经验，从目标客群定位、活动拓客的方式、发现更多客户的能力、有
效的邀约和拜访方法等多个维度出发，清晰展现了销售拓客的方法和具体路径，以及
背后客户增长的规律。

本书适合所有想提升业绩的人阅读，同时也可以帮助读者建立人际关系、打造个
人品牌。

◆ 著　　　　邦　尼
责任编辑　王振杰
责任印制　彭志环

◆ 人民邮电出版社出版发行　　北京市丰台区成寿寺路11号
邮编　100164　电子邮件　315@ptpress.com.cn
网址　https://www.ptpress.com.cn
北京联兴盛业印刷股份有限公司印刷

◆ 开本：720×960　1/16
印张：17.5　　　　　　　　　2022年9月第1版
字数：248千字　　　　　　　2022年9月北京第1次印刷

定价：69.80元
读者服务热线：(010)84084456-6009　印装质量热线：(010)81055316
反盗版热线：(010)81055315
广告经营许可证：京东市监广登字 20170147 号

献给我的弟弟孙晴伟

自 序

　　拥有源源不断的客户，让客户充满欣喜地为你而来，这是我们都希望达到的销售境界。我们在做市场开发时，需要想清楚8件事。

◇ **谁是你的目标客户？**

◇ **你的销售时间管理做得如何？**

◇ **你的专业能力如何？**

◇ **你在客户面前的表现怎么样？**

◇ **你的语言表达能力如何？**

◇ **你内心遵守的价值观有哪些？**

◇ **你自身的价值有哪些？**

◇ **你能够给予他人哪些额外的价值？**

　　本书为你清晰地展现了销售拓客的方法和具体路径，以及客户增长背后的规律。掌握了这本书的内容，你就能够拥有一把"钥匙"，打开获得更多客户的"大门"。无论你目前是什么职位，只要你需要拓展更多客户，增加客户渠道，赢得转介绍，或者进行内部销售管理培训，就会从中受益。

本书是你掌握销售拓客必要基本功及实现更多收入的黄金阶梯，是你恢复能量、透视全局、明确细节、清楚做法、实现销售拜访和获得更多客户的实用拓客宝典。

为什么要读这本书

在销售中，我们都希望获得更多客户，并能够顺利实现邀约、拜访；我们希望从过去那些销售拒绝的情绪陷阱里跳出来，恢复能量，重新燃起热情、动力，找到实现业绩提升的最佳方法，减少内在阻碍；我们希望在所拜访的客户面前，能够时间充裕地介绍自己的产品，讲出自己的价值主张，获得青睐、现场转化率和客户主动的转介绍；我们也希望明确了解，在潜在客户面前，自己的每一句话、每一个行动，到底要如何展开，以获得坚定的指引及正确的做法；我们希望自己是一个备受他人欢迎的人，且在销售领域中受人尊敬，把自己的专业能力及自己的价值发挥到极致，实现更多有效的人际链接，告别无人问津的局面；我们还希望能够真正实现自己在月初、年初设置的业绩目标，并且顺利达成；我们更希望获得更多的客户，且他们只为我们而来，只相信我们！

我们还希望在销售拓客、邀约和拜访中有统一的底层逻辑、清晰的语言结构和具体的交流方法，能够快速地赢得客户信任，并产生共鸣、达成共识，那么，这是否有规律可循？

答案就是使用这本书，让客户为你而来！

阅读本书，你将

1. 减少停滞时间，减小被拒绝的可能性

了解拓客的底层逻辑，增强内在愉悦感，并由此获得一种强大的动力，进而能够透视被客户拒绝的本质，彻底解决问题，同时避免日后重蹈覆辙。你

将能够在销售展示之前，就清楚人际交往中的"处事准则"，洞察潜在客户内心的变化，了解获取其认同的基本条件。

2. 明确拓客的每个关键步骤对应的具体、有效的做法

为了形成从开发客户渠道到实现邀约、拜访和转介绍的闭环，本书提供了大量示范，通过学习这些示范，你可以改变自身心态，发现更多客户，了解客户的想法、意图、需求点、利益点、关注点和兴趣点，与客户建立关系。此外，你还将了解在不同情境下与潜在客户交流的表达方式，学会灵活运用不同语言框架，掌握具体的表达演练思路，实现邀约及快速建立信任。

3. 打好赢得信任的基础，创造循环转介绍的神奇效应

助你与竞品销售人员形成差异化，通过个人品牌的专业印象占据客户心智。提高你的邀约成功率，增加拜访量，借助口碑引发客户增长的连锁反应，实现从一个客户到另一个客户，从另一个客户再到另一个群体的客户，不断有客户向你咨询的效果。

本书读者对象

本书是给想要提升业绩的人撰写的，适合各个公司的创始人、销售管理者、市场营销副总、区域销售经理、大客户经理、市场开发代表、首席客户官、一线销售工作者及销售培训师使用。

本书适用场景

本书除了适用于销售拓客场景外，也是帮助我们在日常人际交往中建立人际关系、做好个人品牌的学习读本。

前　言

　　我见过许多从事销售工作的"小白"和从业多年的销售人员，他们早已失去斗志，业绩不温不火，整个人没有朝气，每日按部就班地做着所谓销售工作；我也见过许多人，他们不知道具体的销售方法，苦苦寻找解决之道，慢慢摸索销售经验，却依然无法真正入门，承受着不断被客户拒绝的心理压力，经济拮据；我也见过许多人，多年使用同一套方式、同一套语言和潜在客户完成"流水线"式的交流，默认客户的转化率就是"随机"的，无法真正洞察背后的规律并采取行之有效的具体做法，导致自身动力减弱，收入受到影响；我也见过许多人，他们自身专业能力很强，但是客户数量很有限，他们不知道怎样去找到更多客户，陷在客户匮乏的困境中无法自拔；我也见过许多团队管理者，希望下属完成更优异的业绩，但自身业务繁忙，没有更多精力和耐心去因材施教地慢慢引导，只能留存所谓"真正合适"的人员，从而浪费了很多情感与经济成本。

　　因此，在我每次做销售咨询和讲课结束之后，看到各位学员发来的诚挚感谢，看到他们被重新激活并找到做好销售的正确路径，我就深感肩上的责任和使命更重了。

但是，由于讲课需要时间成本，存在很多限制性因素，无法让更多人受益，所以我决定把销售经验写出来，为不清楚销售该如何做的人们拨开迷雾，这是我认为必须要做的一件事。于是，我拿出了全部精力和时间投入到写这本书上。我希望能够帮助真正想要做好销售的人，减少内心的阻碍、告别焦虑，进入高收入阶层，也让公司里的销售管理内部培训有章可循，变得更加轻松一些，同时培训效果得到提升。

我在构思本书时，是以销售的第一个动作——拓客为中心展开的。这是因为在成交之前，你需要更多的客户，那么客户在哪里？如何找到更多客户？如何与你的潜在客户建立信任？如何让客户为你而来？这是每一位销售工作者都需要考虑的问题。而高效解决这些问题，是每一位销售工作者都希望掌握的真实本领。

因为销售业绩（你的收入）与你的实际客户流量、你的实际拜访量息息相关，所以我把"获得更多客户"这一关键环节视为你的销售基础动作。因为这个动作关乎你日后的销售动力，所以是你赢得潜在客户信任，提供超出客户预期的服务体验，提高转化率、客单价、客单量，缩短销售周期，增加转介绍，实现高收入的重要基石。

在本书中，我会为你搭建系统的拓客框架，并进行细节描写：第1章将帮你恢复能量，让你熟悉影响业绩稳定和信任关系建立的关键因素及解决办法；第2章将为你展示正确的拓客路径，通过设计多个不同的场景和情境，帮你理解接触不同层次的客群时应具备的心态、应做的相应的专业上的准备和现场表现的细节、创造额外价值的关键所在，这些都与你的拓客结果密切相关；第3章介绍如何拥有更多客户，让你学会利用自身的专业价值来拓展客户、减少客户不适，通过列举正反面的案例，让你洞察销售表现背后的众多因素，并学习正确的方式；第4章介绍具体的邀约和拜访方法，为了让客户愿意见你，这一章会告诉你需要做什么准备及如何表现，并呈现每个关键点的细节，就像在一张藏宝图上为你清晰地画好了寻宝路径。

我们都清楚，要想让客户持续地为你而来，并没有捷径与套路可言。

销售拓客离不开人际关系的建立、自身专业性、自身价值等非常真实的客观表现因素，所以我们需要对人性有洞察，明确自身约束条件与自我要求。我在书中运用的案例、场景及案例中人物的表现和心态，都来源于销售一线的真实拓客案例，在这些案例中，你会看到自己在销售过程中实际遇到的关键问题。

在拓客框架的基础上，你将清楚销售拓客的基本规律，以及具体的行为表现和对话框架。本书所提供的不同情境之下的话术示范，将有助于你在各种场景之下实现拓客，增强你对人际关系的理解力，提升处理人际关系的灵活度，并在此基础上形成你个人的风格。

在本书中，我最想给到你的部分，就是销售拓客的细节做法，这些都基于我多年当场成交、客户主动帮我做转介绍的一线销售实战案例，是我在从事全领域销售咨询的工作中，根据曾获得客户数万条好评的咨询和教学经验而得出的。同时，我每年的图书阅读量在千本以上，这是为了辅助自己把销售教育这件事情做好，而不是假借所谓经验和套路让学员走弯路，浪费学员的时间和金钱。

客户源源不断地为你而来，这是每个销售从业者都拥有的梦想。客户一旦与你相识，就想和你成为好朋友，愿意帮你持续地推荐客户，愿意竭尽所能地帮助你，愿意每天都见到你——把销售做到这种程度，是每个从事销售行业的人都梦寐以求的，这也是我为你写本书的初衷。

祝愿你在学习本书之后，能够学以致用，先完成第一个销售基础的里程碑，获得拥有更多客户的能力。

目 录

123

第3章
让我们拥有更多客户

205

第 4 章
让潜在客户愿意见你的邀约和拜访方式

第 1 章

为什么你拓客
如此困难

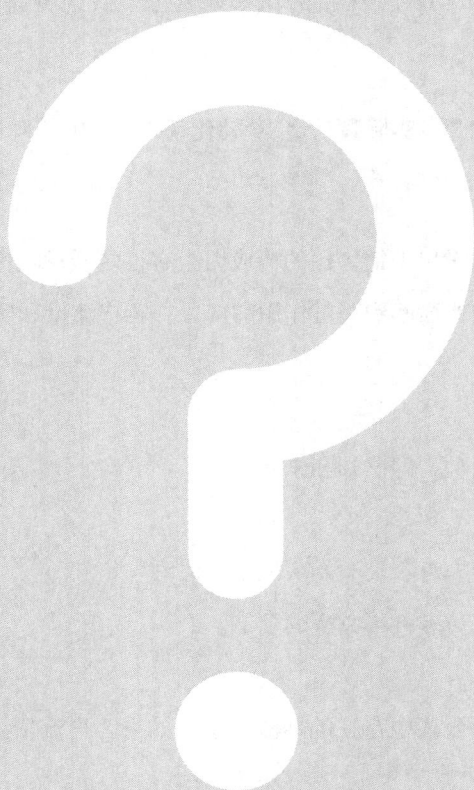

1.1 平日拜访量与业绩的关联

作为从事销售工作的你来说，很想拥有更多准客户，挣更多钱，而影响销售结果的因素却有很多，其中最直接的因素就是你平日的拜访量。

销售结果由什么构成？在我的销售课堂上，我通常是用以下公式来定义的：

销售额 = 客户流量 / 实际拜访量 × 转化率 × 客单价 × 客单量 × 复购率 × 转介绍

在此，我们可以看出来销售额的构成因素有很多，对吗？接下来，我要重点讲一下其中对你的业绩起到关键作用的部分：客户流量和实际拜访量。

• 客户流量

客户流量分为两种，即已知和未知。

已知：你的已有客群人数（私域流量）。

未知：你未开发的客群（公域流量）。

现在来看销售额公式中存在的乘法关系，如果客户流量为 0，那么销售额就等于 0。

客户流量的大小要看你拥有的可拜访的客户名单和可开发的市场基数。在销售里，业绩的生成主要取决于你的实际拜访量。

• 实际拜访量

拜访是你与客户之间的信息或观点的真正、有效的互动过程，也是一次建立信任、产品展示的转化过程。

一次有效的客户拜访融合了三个部分：你个人价值展示的部分；你与客户建立关系、共创价值的部分；获取产品展示机会的部分。根据你所拜访的客群和你自身基础的不同，这三个部分的比重并不相同，但在高手的拜访中，这三个部分一定是并存的。

这也是为什么实际拜访在销售转化中占据重要位置。任何不能与客户建立信任的信息传递，都会拉长你的销售周期、降低转化率和客单价。

假设你一周的拜访量是 10 位潜在客户，那么每个月开发的潜在客户就是 40 位。按照客单价、客单量、销售周期、消费者复购率、转介绍、转化率和销售额的关系，一定是拜访量越多，实际的客户流量越大，实现目标业绩的可能性就越高。

因此，你会发现业绩最终与拜访量息息相关，实际拜访量可以称为我们的业绩基石。

在清楚了客户流量与实际拜访量的重要性之后，现在我们再来看看，是什么原因导致了业绩的不稳定。

谈及现实中的业绩问题，我们的拜访行动及做市场时所遇到的实际困难，会对我们自身的信念产生影响。我们对拜访结果的反馈评价，及我们是否能够有效解决这些问题，决定了你是否能够充满动力地去拜访客户。

因为我们每一个拜访行动、每一种拜访方式都与销售结果之间存在必然关联，所以在实现结果之前，还存在着大量可能被客户拒绝的挑战。

如果我们在不断学习、不断拜访、该做的事情都做了之后，结果仍然不如人意，同时又面临着严峻的业绩压力、收入方面的生存压力、长时间被忽视的压力，怎么办？以上这些问题如果不能得到有效解决，那么问题存在的时间越久，我们的挫败感越强，这将导致我们自尊感（自信）下降、意愿不足，进而不愿意主动去见客户。

客户流量少，业绩不佳，这实际上有 4 种状态。

• 主动状态

"我感觉自己也能够做到，像他们一样。"

"我想要完成，我要努力。"

"我主动找客户，希望能够拜访成功。"

• 中间状态

"我没有自信，我发发朋友圈，看看是否有人能来找我。"

"我不知道要拜访谁，但我并没有因此闲下来，我想参加一些活动。"

"我不断地主动开拓市场，但是效果却不怎么好，遭到了一些拒绝。"

• 停滞状态

"我不敢去见客户，因为我见了也没用。"

"我的朋友圈不知道该发些什么内容，感觉没什么可发布的。"

• 焦虑状态

"唉，太难了，这根本挣不着钱。"

"我是否该换个选择？"

在你学习如何找到更多客户之前，先要认真看看自己正处在哪种状态，如果你目前是前两种状态之一，请直接翻阅第 2~4 章，学习正确的拓客做法。

如果你目前是后两种状态之一，也不要担心，我们就从本节开始学起，先把内心的阻碍清除掉，让我们轻轻松松地实现拜访。在第 1 章之后，再去按顺序学习第 2~4 章的方法，即可顺利实现拥有更多客户的目标。

我不太担心你目前的起点，无论你是刚进入销售行业的"小白"，还是从事销售多年但对业绩没有信心，都没有问题，因为本书就是从零开始讲起的，不用担心学不会。

我最关心的是，你能否在销售领域真正发挥出自身优势，能否持续创造高收入。拥有良好的状态，因受到尊重和自我价值的实现而产生源源不断的自驱力。这会从本质上让你达成更多业绩。

好，那现在让我们一起来看看拜访困难都存在什么原因。在了解原因之后，再谈解决办法会让你更清晰。

1.2 拜访困难并非偶然

首先，你在销售领域做市场开发与陌生客户拜访，在潜在客群向你明确表明需求之前，你能否与客户建立关系并切入销售话题，顺利实现拜访和成交，是非常值得考验的。

这是因为今天的商品处于一个信息对称、信息透明、同类竞争品牌过多的时代；潜在客群因过去的冲动消费的体验偏差而更加严谨，更趋向于理性消费；消费者的购买决策受到产品信息、参照群体、生活方式、经济能力、环境压力等各种因素的影响，他们比以往更清楚自己的选择，购买目标更加明确、精准化。

再加上客户会考虑自身的时间成本，如果他们在见你之前没有表现出明确的购买诉求，而你的个人价值又不明显，那么要想仅凭某个场景下认识的弱关系链接，或者仅靠新产品、促销优惠信息、请对方吃饭等行为来完成邀约和拜访，将会非常困难。

当我们看到市场背景和消费者行为的变化，以及销售者目前面临的竞争环境、销售者自身的表现，你将会更好地理解，目前存在拜访困难、业绩不稳定的情况，并不是一种偶然现象。

1.3 拜访阻碍形成的原因

一旦你认为"我的拜访是没有用的"，你就会得出"我约对方等于白约"的结论而停止行动，这种思维定势具体来说就是<u>拜访无用的限制性信念</u>。例如以下想法：

- "我可开发的潜在客户群体太少。"
- "我拜访的潜在客户是不可能见我的。（他们不愿意见我。）"
- "我拜访的潜在客户没钱。"
- "我的潜在客户还没到购买时机，因为我曾经和对方说过，他说再等一等。"
- "我现在应该花时间做好准备，或者等我做出成绩时再说。（当我没有太大信心时，我见了等于白见，我没有说服力，所以我不能去拜访。）"

限制行动的原因是什么呢？是头脑中的"我不行"3 个字，在影响着我们是否能够立即展开有效行动。有 8 个常见的因素导致了这一点，它们分别是：

- 过于对标参照群体；
- 建立不合理的目标；

- 错误评估自身价值；

- 没有掌握正确方法；

- 没有主动性；

- 证明自己的价值需要时间；

- 我很不专业，需要学习；

- 默认自己的努力没有结果。

现在我们来逐一拆解这些存在于头脑中的限制性信念，让你轻松地实现拜访。

1.3.1 过于对标参照群体

你渴望有所成就、业绩良好，你的目光会聚焦在两处：

第一，对标其他领域的领袖；第二，对标自己身边业绩出色的人。

聚焦在此你会受到榜样力量的感召，但是如果过于对标参照群体，就会陷入疲惫和焦虑之中，常常认为他人总是完成得非常好，"我却不能做到"，不断否定自己，从而停止拜访的脚步。

你也许会这样想：

"他们太厉害了，每个月都能拜访那么多客户，而且能顺利实现和对方约见；他们一约客户就能约到，不仅能顺利成交，还能让客户帮他们做转介绍；他们总是临场发挥特别好，在和潜在客户沟通时，无论对方的身份、地位、财富等如何，都能愉快洽谈并打开话题。唉，我就不行。"

其实这些想法只是你"头脑中存在的事实"。一旦你深信他们在所在领域中"像个迷人的战士一样无所不能",头脑中就会出现权威感并形成对比。在这种"权威"的对比之下,再看目前的自己就是一个"弱小"的存在,而这就会阻碍你的行动,让你在获得拜访意愿和方法之前被牢牢困住。

其实,你看到的事实是一种摆在你面前的结果。

在你看到那些卓越的成功者呈现的结果之前,你并不能直观地看到他们之前打下的基础。

比如他们的资源情况、努力的过程、人际关系上的链接、销售中的细节做法等。这种对过程的忽略,会导致你的无能感和焦虑感。

当你在某个场域中看到他人取得的高业绩结果,认为他们因为具备这些资源、能力、天赋,所以才能做得好,于是直接得出结论:"我做不到,是因为我天生就没有这些。"这种想法会让你望而生畏。

现在我们来看看,"头脑中存在的事实"实际导致的客观结果是什么。

例如,你在心里这样想:"他们一约见潜在客户就能约到,那些潜在客户还请他们吃饭,好了不起呀!"

这种想法也是"头脑中存在的事实",是一种以结果定论的思维方式,它会自动导致三种不同的心态。

- "我也要做到。"
- "我做不到,我还是不做了。"
- "这和我有什么关系,我看不见。"

持有第一种心态的人,会付出一切行动和努力达成所愿;持有第二种心态的人有自我保护倾向,想做但没有办法,不知道怎么做,所以他们会找理由说服自己,告诉自己不能去做的原因;持有第三种心态的人自认为目前还不错,"成功或卓越是他们的事,和我无关"。

这里，我们重点说一下有第二种心态的人。首先"好了不起"这个念头的存在，代表他们是渴望拥有结果的人，这是一件特别好的事情。

但是，如果他们忽略前提，仅以结果定论，就会顺势拿那些"好了不起"的人和自身对比，得出"我就不行"的答案，在自己头脑中"创造事实"。

实际上，这个"事实"却是我们想象出来的，因为你一想到他们非常受欢迎而你不会受欢迎的局面，就会让你等待所谓的拜访时机。如果这个时机不成熟，你就不能行动，以免让自己没有信心，这种没有信心就约等于"约了也是白约，拜访也是白拜访"。

因此，你要拆分事实与想象，还原真实情况，这样你的拜访阻力及压力才会减小。

实际上，这些卓越的对标群体在与客户约见及沟通时，并非出场就自带金色光环、极具魅力，而是存在以下 6 个原因，这些在拜访之前就存在。

- 他们与潜在客户原有的关系就比较到位；
- 他们普遍拥有主动性且将他人放在首位；
- 他们在关系里常常能够提供价值；
- 他们的社会资源广泛；
- 他们更愿意先付出；
- 他们愿意做一些力所能及的小事。

现在我们来逐一了解这 6 个原因，看看拜访之前发生了什么。这会减轻你的焦虑感，因为你在了解前提之后，就可以继续学习正确的方法，来做到这一切，而不是让无能感和过去无效的做法限制你达成更多业绩的可能。

1. 他们与潜在客户原有的关系就比较到位

他们与潜在客户认识得比较早，并不是第一次见面，彼此之间原本就有深厚的感情根基。

2. 他们普遍拥有主动性且将他人放在首位

在面对一件事情的时候，他们首先想到的不是自己或销售额，而是他人目前最需要什么，并给予帮助。**这样他们就能在看似同样的客观条件下获得机会。**

有一次晚上 8 点多，我正在咖啡厅写作。这时，来了许多录像的专业人士，看似要录什么节目，现场摆放了 6 台摄像机。他们录制的地方就在我身后的桌位。当时我看到他们录制空间有限，就主动把桌椅向前移一些，给他们提供更大的拍摄空间。看到这一幕，他们过来帮我搬桌椅，并表示感谢。

在他们录制了大约 5 分钟的时候，我听到他们的主持人提问部分几乎是省略的。录制过程全由当事人（一个 1997 年出生的女孩）自由发挥，无论是时间顺序还是故事结构，都极具跳跃性（想到哪说哪）。这在录制之后无疑会造成三个方面的影响：一，后期视频剪辑难度大；二，受众的观看体验一般；三，持续关注度较低（没有耐心看完）。

基于这个前提，我和他们的"负责人"摆摆手，示意他过来一下。（因为他在现场指挥，再加上他的气场强大，让我直观感受到他是负责人。）

他以为是他们现场录制影响了我的工作，但我说，**我能解决录制"故事线跳跃"的问题，**并简要提出了解决方案。

他听到后非常感谢我，并和我进一步解释说，他们采访也是玩玩，因为并不专业，还说他们过几天还有一次某品牌的活动，下次提前请教我。于是，他主动拿出手机加了我的微信。第二天早上，我看到了他给我发的微信："昨天太忙啦，什么时候有时间，我请你喝咖啡或一起玩拍摄呀，我要多多向你请教。"

3. 他们在关系里常常能够提供价值

这个价值不一定是售卖产品本身，通常是超出产品之外的部分，他们往往不仅仅具备自己领域的专业能力，还掌握了另外一项或多项技能。

5 年前，我还在从事形象设计行业的时候，曾陪同一位做传媒的朋友去参加嘉里地产品牌的竞标项目。（之所以请我去，一是因为她认为有我在能增加她的信心，二是她认为我形象好、气场强，能够帮助她谈判。）于是我早上 7 点就和她的团队一起到嘉里地产旁边的星巴克提前沟通谈判方案，当天下午又陪同她去谈香格里拉大酒店的夏季品牌活动策划（她和香格里拉大酒店负责人很熟）。在和酒店负责人见面后，她简要地介绍我："这是邦尼，今天和我们一起沟通策划这个活动。"对方刚从英国回来不久，言谈之间还会夹带着英语。

在沟通的时候，我谈到了"目标客群相应的活动方案及具体细节"。听到我的想法和具体实施方案，他认为对比市场上的同类客户活动，我提的方案有明显的差异化及可操作的亮点，是能落地的执行方案。

他非常高兴，当场就采纳了这些方案。

正当他以为我是专业做品牌活动策划的时候，我朋友告诉他说："邦尼是做形象设计公司的，是我非常好的朋友，这次是来帮忙。"

他于是和我说："那为什么不把你的专业领域植入这次活动呢？你公司目前都有什么项目呢？"

在了解我的公司之后，他和我说："帮忙归帮忙，你的形象设计完全可以给我们的高价值客群做美丽课堂。另外，不知道你是否可以做儿童西餐礼仪培训呢？"我说："西餐礼仪培训不是我们的项目。"他说："这个并不难，你学一下，我对西餐礼仪很有研究，你先做一套 PPT，我再帮你过一遍，然后结合我们夏季的活动，做一次儿童西餐礼仪培训。因为我们的客户资源非常好，我并不想给别人。"

于是我朋友在承接这次品牌策划的同时，给我"引荐"了两个项目。这仅仅是一个开始，因为这两场活动的成功，香格里拉大酒店的负责人又把我们团队的心理老师请过来，做了一次"妈妈讲座"的专场活动，又给我引荐了相关家长资源。

那一天，我辅助朋友拿到了嘉里地产的品牌策划项目，又谈成了香格里拉的夏季品牌策划合作。

后续，我额外获得了嘉里地产的客户资源和香格里拉大酒店的客户资源。因为嘉里地产的品牌策划项目中也包括业主服务，朋友顺理成章地把我的形象设计美丽课堂放到了活动中。由官方（嘉里地产项目负责人）出面组织活动，邀请业主参与。

这几场活动都是付费活动，同时因为活动的成功，我又认识了很多业主和香格里拉的高价值客户，他们中的很多人和我成了朋友，又帮我做了进一步的转介绍。

4. 他们的社会资源广泛

之前我忙于工作，得了腰脱。我的好朋友得知情况后，第一时间帮我联系了骨科医院的主任医师，并告知我做康复训练时需要注意的细节。帮助我的这位朋友，不仅人非常热心，业务也做得非常好，他在公司的业绩一直遥遥领先于第二名。

由此小事我们也可以看出，他与重要的人能够建立良好的关系，这也是他业绩卓越的重要原因之一。

5. 他们更愿意先付出

2020 年春节期间，因为不方便外出，很多人在居家期间颇感无聊和焦虑，于是我准备做点什么，我打算在大年初二到初六期间，在微信群内做线上免费公益分享，每天 90 分钟。那是我刚刚跨界转型做全领域销售咨询不久，第一次线上讲课。

当课程分享到第二节时，"不可思议"的一幕出现了，大家竟然每节课都能听两三遍，大年初三，半夜两三点微信群里还在不断地提交课程反馈和作业。

他们在群里说："听邦尼老师的课程，我们很珍惜，不想睡，生命中拥有这样的榜样太幸福了。""邦尼老师让我们把销售那么难的事，变得有乐趣。""邦尼老师有点石成金的魔力。""我也要向邦尼老师学习，我要下日日滴水之功。"在初六的分享结束之后，我在新闻上看到上班日期推迟的消息，于是我又把公益课程持续分享到了 3 月份。

历时一个多月，每天 90 分钟免费的干货输出，在那个特殊时期，这份能量与知识的陪伴，温暖了群内的 263 人。

6. 他们愿意做一些力所能及的小事

我曾经给保时捷车主做过美丽课堂活动，并在活动现场认识了劳斯莱斯的大客户经理。

我们加完微信之后，并没有联系过，平日各忙各的。有一次她给我发微信说："邦尼，我最近不在劳斯莱斯工作了，我开了一个轰趴餐厅，主要针对高价值客户，你有空来我餐厅做客呀，也可以给我们的客户做做沙龙活动什么的。"接到她的邀请后，我去她的餐厅拜访她，那一次，她给我介绍了她目前的情况和接下来的准备。

她的餐厅当时刚刚装修完成，团队成员还在储备中，希望日后能多元化地组织相关活动。

在谈及这个话题时，她说到一个小小的困扰："餐厅的大厨并不好招聘，团队人员各自负责的内容需要细化，我自己没有这方面的经验，不知道该怎么做，要是能有一份相应人员职责表就好了。"我听后建议她可以通过 PPT 实现。"这个内容倒不难，主要是我想形成这样的格式。"她一边说，一边拿出一张纸画给我看，"你看，要是有这样的架构图和内容，就可以贴在办公室里，他们看的时候就一目了然。"我说："这个可以做出来呀。"她说："我目前正处于开业前期，有很多事情需要张罗，自己没有时间，也不太擅长做这个。"我说："你在纸上把标准画出来，我回去试着给你做一下。""那太好了。"她兴奋地说道。

沟通结束之后，我回到公司，第一件事就是帮她完成组织架构图，因为我公司也没有相应的人员储备。

我亲自花了两个小时帮她完成了一份，并发到她邮箱，她收到后，很感谢我。

后来，一位经常需要做内部团建的朋友问我，是否知道哪里有档次高的地方可以包场做活动，我引荐了上述餐厅的老板给他认识。他看完场地很满意，还拿到了优惠价格，于是就经常去那里做活动。

这两件小事的铺垫，构建了合作的基础。

虽然只是做了一份"人员组织架构图 PPT"（这和我也是老板的身份并不冲突），但是这样一个小小的行为却在关键时刻给到了对方支持。同时，在我熟悉轰趴餐厅的定位及餐品风格，并对餐厅老板有所了解之后，也给身边人做了推荐。

后来，她的轰趴餐厅正式营业，我们展开了多次合作，在此期间，她也给我介绍了许多朋友。

以上 6 点是我们常常没有看见的业绩结果背后的真实情况，如果我们能够在人际关系里做到这些，那么你在进行客户渠道开发时，就能与潜在客户群体建立非常好的信任基础。

你可以根据这 6 点，来盘点自己曾在人际关系方面做过的事情、得到的反馈。这一来会让你建立自信，二来会让你通过复盘提升个人能力。盘点问题如下，你可以根据问题，做相应的记录。

- 我在人际关系里，做过哪些富有主动性且将他人放在首位的事情？
- 我在人际关系里，曾经做过哪些温暖人心的事情？
- 我在人际关系里，做过哪些力所能及的小事？
- 我在人际关系里，能够提供哪些价值？

> **小提醒：人际关系包含客户关系**
>
> 以日常行为为出发点建立身边的人际关系，无须刻意为之。时间久了，你就会拥有一种人格魅力，这会让你更受欢迎。

1.3.2 建立不合理的目标

建立不合理的目标是让你产生挫败感的原因之一，请看案例 1-1。

> **案例 1-1 责怪自己太笨的 A 先生**
>
> A 先生近 5 年的年收入都在 8 万元左右。他在原有基础不变的情况下，给自己定下了"下一年收入 100 万元"的计划。结果他为此焦头烂额，并常常抱怨自己："我真是太笨了，连这点钱都挣不到。"

【解析】

目标建立得过大，就会增加无能为力的感受。

在本案例中，在没有团队、资金投入、渠道、市场推广和营销等的情况下，仅凭一己之力，且没有良好的工作状态，目标数字是不可能实现的。给自己设定过大的目标，让 A 先生很难迈开步。

目标过大的源头是什么呢?

潜意识层面: A 先生对自己充满自信。

现实层面:

- A 先生处于经济压力中;
- A 先生没有建立正确的规划;
- A 先生没有更好的方法可以实现结果。

【解决办法】

第一步,复盘。 以过去 3 年为复盘对象,回顾不同时期的卡点和所获得的经验。

以过去 3 年为复盘对象的好处是,可以将自身的目标预期与结果完成情况可视化。

因为过去 3 年的结果,就是过去每日的行动带来的。 这会让我们逐渐清晰,在建立新的目标时,不会轻易地给自己设定难度过大、完不成的目标。同时,我们在新设定目标时,会给出自己的具体实现路径,寻找实现业绩所需要的支持。

第二步,重新建立目标。 写出你今年想要实现的收入的具体数字。此目标要合理,根据自身过去 3 年的情况,上浮 15% 即可。

我们把未来一段时间的目标设定为在原始基数的基础上上浮 15% 的空间以内,原因是什么呢?

这代表着,你要实现的目标不是自己的梦想数字,也不是仅仅看到他人实现的结果而进行的一种设定,因为那样会形成一个差异巨大的参照障碍,如果在短期内没有一定的信念支撑和可见的结果,就很容易直接放弃。

因此,一定要按照自己的基础数值,可量化地设定增长目标。

第三步,使达成目标的路径清晰化。 这里是指我们要为目标的达成做好相应的资源支撑,具体包括以下两点。

- **从时间分布上使目标达成路径清晰化。** 这里指的是将你为完成这个目标而投入的时间具体化、确定化。比如，"我想要完成多少业绩"，那么在你每日的行动计划中，都要安排好用于寻找客户的时间，或拓展人脉关系的时间。

- **做出细致的安排。** 根据你的收入目标倒推需要完成多少业绩、多少次客户拜访，并为此着手增加渠道，以及制定行动的具体计划。做出细致的年度、季度、月度及每日的行动安排。

第四步，给自己不断的信念支撑。 给自己找到可支撑目标实现的信念。在我们达成自己的业绩目标之前，因为有一段路要走，在路径不同的情况下，会存在不确定性、被拒绝的可能性和自我怀疑的过程，所以，学会不断地激励自己，是能够让我们拥有坚定意志的好办法。

形成自我的确认性反馈， 这一点非常重要。

如果你在设定目标或完成的过程中，不断地和自己说"我特别笨，我连这点钱都挣不到""对方是不愿意见我的""我是一个小透明""我做了也没用，我都失败那么多次了""我想完成，但是我根本完不成"这样的话，那么这些自我否定只会打乱你的计划。

你在不够相信自己的时候，就算你得到了与更多潜在客户交谈、展示商品的机会，也会由于不断自我否定带来的自卑心理，在表达想法时难以给人值得信赖的感受。

我们要观察自己的潜意识投射，看自己说的话是肯定的，还是自我否定的。

有意识地停止内心否定的语言，把自己的想法引向积极或客观的一面，避免重复否定的语言和信念。

假设你之前想拜访某位客户，但因为拜访时间与客户时间不匹配，最终没有拜访成功。

如果你心里的想法是："我之前拜访客户就没有成功，这次我还是不一定能成，他都不一定会见我，所以我去了也没用。"那么请调整成："我之前拜访客户没有成功是事实，那是因为我当时没有提前预约，赶上和客户的时间存在冲突，下次我要提前和客户预约拜访时间，出发前也要和客户做好确认。"

调整之后的想法会让我们更客观地面对事实情况，产生积极的行动。因此，我们要每日留意自己内心的语言，并树拉积极、肯定的信念。例如：

"我今天完成了一个产品的专业性描述，我很厉害。"
"我今天主动发出了拜访邀请，鼓足了勇气，这一次，我进步好大。"
"我今天重新梳理了新的目标，并为此做好了相应的计划，我很有勇气。"

当你不断完成自我肯定和自我激励的部分，你慢慢就会发现，你竟然在朝着你的目标前进，而且胜利在望！

1.3.3 错误评估自身价值

案例 1-2 "不专业"的 C 女士

C 女士是某行业的一位资深咨询师，她的专业能力很强，深受客户好评，同时业余时间还在学习大量专业知识，工作和学习都很努力。但她从来不敢参加同行业举办的活动，也不想和同行业的人有任何交集。原因是，她担心自己不是科班出身，"半路出家"会被同行看不起。

【解析】

我们可以看出该案例中似乎存在矛盾之处，"资深""专业能力很强""深受客户好评"与"担心被同行看不起"，为什么会同时出现在一个人身上？

在该案例中，C女士对自身价值的评估与目前的实际情况出现了不一致，这属于低估自身价值的范畴。

一旦她认为自身没有受到相同的教育，那么即便在行业中是一样的身份，她也依然会觉得自己在专业人士面前"抬不起头"。

表面现象是C女士不敢参加同行业的活动，不想和同行业的人有交集，但在深层次上，低估自身价值对她业绩的影响则是，她虽然深受客户好评，但业绩会忽高忽低，不会真正把销售做得轻松和拥有高收入。

这是为什么呢？因为她潜意识里会倾向于选择那些比较容易认同自己的客户。

C女士由于内心不够自信，在不同的情境之下，其魅力值会忽高忽低。在认同自己的客户面前，她就会自信满满，客户也会为她的专业和魅力买单，并给出好评甚至追随。

而其中一旦有教育背景好、实力强的客户，她就不敢轻易去接待，还没见到客户就怕自己不行："我没有受过专业教育，我'做'不好这样的客户。"

因此，从思想上，就算有价值的机会摆在面前，她潜意识里也不会选择这类客户。"隐藏"自己的实力，造成业绩不稳定，也不敢去和同行交流。

这样的表现就属于潜意识里挑选目标客户。

在这种情况下，她的目标客户并不完全是那些拥有决策能力、需求强烈、经济条件好的人，而是她预先判断的能够接纳自己的人。客户的不稳定性就会导致客单价忽高忽低，以及自我内在反馈的不稳定性。

在此，我们要清楚，越是自信的人，越会选择高价值的客户，这类客户有决策权、有购买需求、有资金实力，也有影响力。

同样，这类客户在遇到行业中非常自信且有个人魅力的专业人士时，也会去欣赏他们，这会增加提升购买率和促进转介绍的机会，所以业绩高低也取决于你在销售中是否会选择和能否拥有选择的权利。当出现正向循环时，销售就会很轻松，业绩也会大幅度提升。

此处的"欣赏"是指，如果客户所接触的都是专业人士，他们就会偏爱更自信的人。透过专业人士眼中流露出的自信，他们可以看到预期中的结果。

C 女士在面对教育背景不同的人时，忽略了自己在特定背景条件之外的实际结果。

她头脑中存在的事实，停留在过去自己没有受到专业教育的时间段里。她一直聚焦于自己没有受到专业的教育，而忽略了后天的学习和努力，以及客户的真实反馈，认定自己"半路出家"就是不专业，这一结论就是造成此情况的本质原因。

那么，该怎样解决呢？

通过确认目前的实际结果来重新看待自己的真实能力，进行个体评估，就能解决这个问题。

C 女士要学会看目前的自我定义的总体分值。

自我定义由过去的经历、固有的特征、现在的情境共同决定，因为一个人看待事情的视角和方式受其内在个性特征的影响，这些个性特征在其生命周期中通过社会交往和自我反馈逐步形成。

C 女士忽略了现在的成绩——客户满意、好评，这些都是实实在在的结果。

就咨询行业来说，客观情况下，越是基础条件差的客户，越难实现结果。因为条件不具备，所以有助于实现结果的因素就相对较弱。而越是基础条件好的客户，越容易实现结果。

因此，她选择的客户是满足自身设置的"认同自己"这一条件的，这类客户不一定都是高价值的客户，但 C 女士依然得到了满满的客户好评及追随，实际上是非常了不起的。

这不仅仅是自身价值的体现，也是对自身专业实力的一种验证。专业实力能够在不同的教育背景下带来相同甚至更好的结果。

当 C 女士把视角切换到目前的个体行为上，她就会清楚学习的本质：学习并不一定只在特定条件下才会有结果。即使错过了专业教育，后天的持续学习也是一种成长路径。

关键在于自身如何学习、所投入的时间如何、是否真正热爱这份工作。不形成对比，重视客户真实的反馈。随时客观地看待自己的真实水平以及保持"长期主义"的心态，这是一种力量。

这意味着 C 女士要与行业中的人进行交流，来消除内心的恐惧，做出符合目前事实的反馈。

正视目前的成果，就会自然而然地打开心门，从根本上扫除内心深处的障碍，进而迎接更有价值的客户，也能更加从容地去与同行交流学习。

1.3.4 没有掌握正确方法

案例 1-3 打"退堂鼓"的 D 先生

D 先生从事销售工作 8 个月，由于之前没有销售经验，又想把销售这件事情做好，就跟随自己的领导学习。但过了一段时间，他发现自己学的内容应用不上，认为"该说的说了，该做的也做了"，不知道为什么到他这里就不好用了。于是在被客户拒绝的挫败感之中，他打起了退堂鼓，认为自己不适合做销售工作。

【解析】

消费者的反应和行为通常会因情境变化而改变，现实中的成交过程发生在三种广泛的情境之下，即沟通情境、购买情境和使用情境。

其中沟通情境是指对消费者行为产生影响的信息接收情境，他们是独处还是与他人在一起，心情好坏，匆忙与否，都会影响他们对你表达的信息的接受程度。

购买情境同样会影响消费者的行为，消费者的购买决定会受到他们身边的人的影响。

再来看使用情境，在消费者未提起兴趣并选择使用的时候，你是否能给出具体的适合使用情境的描述及示范，会对销售结果产生影响。

比如 D 先生和他的领导，根据他们面对客户时的自信程度、在客户不同需求之下的表现情况、产品展示时的应变能力、与客户建立信任的能力等，在与客户见面时他们的眼神交流、语言表达、展示效果都存在不同。

因此，D 先生觉得自己学的内容应用不上，该说的说了，该做的也做了，这就是他的固定说辞和固定做法。

鉴于以上分析的各种情境因素的存在，我们就要考虑 D 先生为什么认为"应用不上"，从而重视客观因素，了解影响消费者购买决策的行为，制订自己学习的侧重方向。

挫败感只是源于过去的做法得不到期望的效果，这是提醒自己需要改变的一个信号，不要把自己的挫败归结于"我不适合做销售"，而应重新理解销售，同时向专业人士学习正确的销售方法、加强人际关系，进而做出改变。

1.3.5　需要完成更多的准备

下面，我把接下来的三个限制拜访的因素放在一起讲，它们分别是"没有主动性""证明自己的价值需要时间""我很不专业，需要学习"，因为这三个因素都是在诉说一件事——"我需要准备"。常见的情形如下。

- "我刚刚从事这个行业，我需要更多时间来学习专业技能，所以我现在没有花时间去找客户。"
- "我从事这个行业一段时间了，但要为客户展示，我需要先得到反馈，这样我会更有话语权或影响力。"
- "我其实很想去找客户，但目前不太合适。"
- "因为孩子太小了，没人带；我刚刚生完孩子，还有点太胖了，我不好意思出门。"
- "我目前的车有点太普通，我要是去见客户的话，我都不好意思停他们楼下，万一让客户看见了，我会很尴尬的。"

听起来是不是非常熟悉？这是很多人在没有拜访的时间里和自己说的话。

当你把关注点停留在对自己的不满意（准备时间、外在形象、车的品牌等因素）上，你就会偏离真正的方向。如果你也和自己说这样的话，那么自然就会在你的行动中做出相应的选择。

此时的选择就是"我需要做一些准备""我需要等待合适的时机""我现在不能去拜访客户"，这就导致了拜访延迟，没有客户可拜访，最终形成客户量少的被动状态。当这种状态持续的时间久了，就会让你很焦虑，更不知道如何是好。

关注点停留在内在自我评价的低反馈之中，无法真正展开行动，这会把自己置身于等待之中，并被一种无力感环绕。

无力感来自两个部分。

一是目前的处境。这里存在两个世界：一个是客观世界的实际情况；一个是自己头脑中的主观世界的情况。一旦我们放大了自己在"自己头脑中的主观世界"中的形象，就会觉得别人一见面就看到了我们目前的窘迫。仿佛客户在了解我们从事的行业、提供的产品、能够给他们带来的真正利益之前，就会因为"看"到我们的窘迫而直接拒绝我们。

这个窘迫感就是源于你过于担心自己不足的部分，如"虽然公司很牛，但是自己很弱，是个新人，我需要时间来积累，才能让别人相信我""我自己目前还没有取得很多成绩，不能出手""我太胖""我没有好看的衣服""我没有更好的车""我还没有一个像样的办公场所"等，这些实际条件给你带来了强烈的制约感。

你会忽略客户需求和自身实际所做的品牌背后的实力。

二是不够专业。很多人之所以没有做好销售，是因为没有掌握一定的专业知识，他们连基本的内容都无法阐述清晰，大部分靠自己的经验和理解，或者在做销售展示的过程中，一味地描述自己为什么做这件事情、获得了什么好处。

这就意味着，专业度不够会导致说服力度不够。早期的热情会在一些拒绝声中渐渐消退，进而让你产生一定的自我怀疑，迟迟不敢再轻易行动。

这些现实中的情况反映在语言上就是"我没有更多……"，看起来是需要准备，但是在充满无力感之下的准备，实则是一种消极的等待。因为被拒绝或害怕被拒绝，所以告诉自己"我目前不行，需要准备的时间"。

我们可以看出来，此处的"准备"更多是"等待"的意思。

我们要知道，最终你自身的经济状况和外在形象等条件并不是客户最关心的。他们关心的是，你的出现能带给他们什么、能解决他们什么问题。例如：

- 你的专业程度是否能够让人信任？
- 在他们接受你服务的过程中，你是否重视服务体验？
- 你是否能解决目标客户担心的问题？
- 你是否能够讲解清晰，化解消费者心中的疑虑？
- 你的产品是否真正能匹配、满足客户的需求？
- 你是否能够带来解决产品之外问题的额外价值？

消费者的购买行为里存在变量，客观来说，比如一项购买决策的改变、延迟或取消，在很大程度上会受到一种或多种感知风险的影响。

这时，我们可以转换一下看待事情的视角，先想象目前的自己是消费者，就会更好地理解这种感知风险。

当他人向我们销售产品的时候，我们同样会有一些担忧，这里就包含着几种感知风险。

比如，这个产品会像他们承诺的那样吗？是否能达到我的期望值？这是**功能风险**。在考虑是否购买的过程中，我需要花多少时间来验证他们的说法？这是**时间风险**。他们推荐的产品是否存在威胁身体健康的潜在不利因素？产品的安全性如何？这是**身体风险**。在对方和你接触及描述产品的过程中，你也会在乎感受。如果这个销售人员让你感受不好，你就不会感到满意，甚至拒绝他们的服务。因此，在这个过程中，是否存在有可能影响参与者心理健康的因素？这是**心理风险**。另外，体验不仅仅是我们自己的感受，同时也存在社交层面的因素。其他人会怎么看待我的购买行为？他们会因为我在哪里买东西，或者选什么品牌而嫉妒或嘲笑我吗？产品体验是否面临着不可预期的尴尬？这是**社交风险**。相比收取的费用，他们向我推荐的产品是否物非所值？这是**财务风险**。

也就是说，客户会根据他们过去的经历、你在产品展示时的陈述、你的现场表现和你们之间的信任程度，去体验、感知，进而判断你所提供的产品是可以规避风险、解决问题、提供价值、满足需求，还是存在与之相反的可能。

因此，客户或潜在消费者会从第一视角出发思考以上内容，进行问题辨识、信息搜寻、信息评估及购买决策制定。感知风险会随着他们所涉及的安全和金钱属性等的不确定程度和他们自身的自信水平，而发生不同维度的变化。

综上所述，客户最关心的是他们自己能获得什么以及能避免什么不必要的损失，至于你目前的自身基础条件如何则无关紧要，如果你的基础条件好，那当然是一件锦上添花的事情，但并非必要条件。

因为人们在实现自己价值的过程中，这些外在条件是随着积累而逐步获得的。越是高价值的客户，就越能够理解实现结果需要一定的过程。

那要如何去做呢?

你只需要做好一件事,就能解决"一直在准备中"的问题,为实现拜访注入信心。

这件事就是**正视销售时间管理。**

什么是正视销售时间管理?

这是指我们要审视自己每日的工作时间是否仅仅围绕着销售拜访与专业知识储备这一核心目标,我们对每日的工作时间管理是否有清晰的规划,并予以重视。

请思考:"我今天没有拜访客户,我在做什么?"

只有当你认真思考这句话并认真审视每日的行动时,你才能做好规划,不会因准备时间太长而陷入行动受到阻碍的焦虑中。

- 我目前是兼职还是全职?
- 我一天投入在销售工作的时间有几个小时?
- 我学习专业知识,其中包括接受公司内训及自己学习的时间,有几个小时?
- 我学习的路径是:A.接收碎片化的信息;B.系统学习专业知识和产品知识。
- 我是否能够真正理解我听过的信息,并总结成我自己的语言,以向他人传递真正有说服力的内容?
- 关于学习态度,我是为了自己而学,还是为了形式或流程而学?

当你按照以上内容来对照自己日常的工作表现,答案就会一目了然。

正确的准备和储备,会让你更有力量去相信自己有能力服务好客户,并且时间越长,你就会越自信。

在我们现实的工作和学习场景中,通常是这样的节奏:8:30 开早会,听取公司规定、当日业绩指标和优秀同事的案例分享，彼此加油打气。偶尔在工作日的上午，还会有为时约 90 分钟的新产品培训，这样一上午充实的学习时间就结束了。

在这个流程里，你需要思考的是，你真正获得了什么。

如果没有真正的收获，你就会沉浸在"这就是我的工作""这就是我的学习"的想法里，认为"我在完成公司或自己的学习要求"，导致"一直在准备中"的状态。

不知道自己什么时候才能真正做好准备，从而形成一直在等待某个时刻才能拜访客户的状态，这与"正确的准备"将产生截然不同的结果。

你要清楚，准备实则是在帮助自己建立自信的，正确的准备是有时间规划的。

明确用于准备的时间的意义，在于让自己清楚学习是为了拥有更多客户储备、做好销售，这样会有更强的自发性和主动性。这种状态一旦确立，就会让你打破障碍，潜移默化地建立自信。

为什么呢？

因为你是为了自己而学习，你就会在不懂的时候，或者没有听明白的时候，具备探索精神。

不管谁来培训你相应的知识点，你都会深入研究，直到学会并搞明白为止，这种自发性的源动力就是"为自己"。在日常工作中，把真正用于学习的时间留出来。

当我们解决了源头问题之后，接下来解决如何学的问题。

我要如何学？

第一步，把今天要学的标题列出来。假设你今天要学习某个产品知识，那么你就要明确学习产品知识这件事的步骤，并做好输出准备。

- 学习该产品的品牌故事；
- 学习该产品的优势。

按照如上两点逐一展开，在学习的过程中，多问自己几个为什么，保持好奇心，不要为了记忆而记忆，不要为了考核而考核，不要让你的学习变得"苦兮兮"。

第二步，优先选择学习品牌背景及品牌故事。为什么我们要在学习产品之前，先学习品牌背景及品牌故事呢？

这是因为，清楚品牌的首要功能，可以帮助消费者做出产品选择、缩短消费者的决策时间。

品牌核心价值是品牌资产的主体部分，它能够让消费者明确、清晰地识别并记住品牌的利益点与个性，是驱动消费者认同、喜欢乃至爱上一个品牌的主要力量。

了解所售卖的产品背后的品牌背景及品牌故事，让品牌力量增强你的拜访动力及展示产品时的信心，避免产生"我目前存在不足 = 客户不会购买"这样的认知。

那么，我们该怎样学习品牌背景及品牌故事呢？

例如，工作中你发现"今天的讲师在讲品牌背景信息时，好像仅仅讲了一小部分"，那要怎么去做呢？你可以采取如下行动：

- 去官网查询品牌信息及背后故事；
- 去行业论坛找同类产品信息；
- 和优秀的同事请教、交流；
- 实际调研并试用。

当你学完品牌故事之后，接下来就要去行业论坛查找同类产品的信息，这会让你多元化地了解各个产品的基础性能、延展性能、优劣对比，让你对这个行业的产品信息更敏感，同时你也能将这些信息作为素材记录下来，在与客户交流时使用。

你也可以持续向公司的优秀同事请教，他们可以是公司里负责给你讲课的老师，也可以是公司里业绩优异的人。

听听她们是怎样讲品牌故事的。由于媒介的不同，你在官网和图书上看到的文字会偏"官方"，而这些"官方"的信息，从优秀的人口中说出来，会变得更加生动和灵活。把这两方面的所得整理好，你就可以用自己的语言讲给客户听。

最后，关于实际调研和试用，是指从用户体验及自我感知的角度进行了解，这关乎品牌本身及交付流程。

这样一个流程下来，你就学会了在原本"不宽裕"的时间里，如何找到学习的重点。

这里，你也许还会有一个疑问："**如何让业绩优异的同事传递销售经验给我呢？**"

你内心的语言是："我离他们有点'远'，他们也未必有时间或者愿意教我。"（因为如果单独请教的话，你会担心对方没时间和你讲，或不愿意告诉你细节，问了也白问。）

下面我们来看两个方法。

- **注重优秀案例分享环节。** 在日常开会时，通常会有优秀案例分享环节，你可以提前准备好相关的问题清单，以便在分享结束时进行提问。
- **注意提问、请教的方式。** 比如，在他们分享完成交案例之后，你可以主动提问："非常感谢你给我们分享了你在拜访客户时的成交过程，太精彩了，让我受益匪浅。我有一个小问题想要请教你，请问你在接触客户的时候是怎样讲这个品牌的？客户在没有听过这个品牌的情况下，有没有异议？你是怎么介绍和解决的呢？"

这就是通过早会或公司培训来解决自己比较关心的问题的过程，也是你向优秀的人学习生动且灵活地表达的一种方式。

这种方法就是<u>利用公司资源来解决个人的特定问题</u>，而在大家面前，他们会尽可能详细地展示自己能够做到的事情。

通过这样一个细致的学习过程，你就可以在两三天的时间内，把品牌故事学习好。

第三步，练习输出表达。接着，试着练习输出表达，讲给身边的人听，或者给自己录一个讲解品牌故事的视频，看自己的实际表现。也可以给自己定好讲解时间，如 3 分钟、5 分钟、10 分钟……以便在之后拜访潜在客户时，能够在不同的情境下灵活地讲出品牌故事。然后，再按照同样的方法去学习产品优势即可。

在细化步骤后，你会发现做到以上内容其实并不难，你将能够做到输入清晰、输出清晰、自我明确。

第四步，明确准备所需的时间。这样一来，就算你把很多时间投入在前期的学习上，你也不会因为"迟迟做不了市场""讲不清楚产品""别人不会相信我"等种种问题，时间过去了很久却依然感觉什么也讲不出来，进而在自我怀疑和他人质疑中变得非常焦虑。

假设你能在两天时间内学会一小部分内容，那你就可以按照问题清单和解决问题所需投入的时间比例来细致地做好规划，准备好你做市场拜访所需要的学习时间。

说到这里你就会发现，你之所以迟迟不能去开拓市场、不能主动向别人说起自己所从事的行业，原因就是曾经被客户拒绝的经历导致你信心不足，担心别人不接纳自己。

第五步，做好"范围圈"的专业反馈。如果你能够先把基本功练好，做好相关储备，那么就可以先设置一个小的"范围圈"，并努力成为这个"范围圈"里最了解公司产品的人，讲清楚自己所售卖的产品，同时解答客户疑问，并给出个性化的定制方案。

这个"范围圈"暂定为 20 位同行（同事），而你就是其中最能讲清楚产品、最了解品牌背后故事、最知道产品附加价值、最清楚各个性能背后的具体数据的人。

把这个作为小目标，那么你就会积累信心，然后再把 20 位的"范围圈"扩大到 50 位，以此类推，甚至是 1000 位（朋友圈），这样一来，你就会成为潜在客户眼中那个值得信赖的人。（这与展示无关，与你自己会的内容有关。）

第六步，形成"能量闭环"。当你的学习有了明确的方向和真正的收获，就会助你增加自信，激发对销售工作的热情。这样一来，你在对外传递信息时就会更加笃定，客户也会感知到你的专业，从而产生找你购买会更放心的心理，因此就会有人向你咨询。

一个咨询就是一次新的产品展示及介绍的开始，如何介绍又取决于你是如何学习并理解的，这是一个"能量闭环"。

因此，从重视时间管理开始，改变学习方式，可以减轻你长时间"一直在准备中"的焦虑感，清除潜意识里默认自己不行的阻碍，让自己在逐步积累中蓄势待发。

1.3.6 默认自己的努力没有结果

案例 1-4 总在请客的 W 先生

W 先生是一位企业主，社会资源较好，在过去一年里，他新代理了一个保健产品的项目，需要销售产品和招募合伙人。他想利用自己的人脉资源亲自做销售，但他的销售过程并不顺畅，在连续主动邀约之后效果不佳。

于是他放弃了新投资的产品项目，损失了 100 多万元，也间接地影响了口碑。

他在请客情境中的表现如下。

"我一般都是请大家吃饭，一次大概 20 人。在吃饭时一边叙旧一边说我现在做的产品。我在邀约时会说'××，好久没见，我张罗个饭局，给你介绍几个朋友认识认识'。因为我是宴请者，所以饭桌上的谈话除了基础寒暄之外，大部分围绕我为什么做这个事业、公司创始人情况、产品介绍和我使用产品前后的反馈展开，但是现场感兴趣的人寥寥无几，我后续邀约也有很大难度。"

【解析】

在这个案例中，W 先生有很好的人格魅力及人脉优势，但没有得到符合心中预期的结果，导致了新项目的损失。

W 先生的问题在于，在实际的销售表现及销售场景中聚焦错误，弱化了邀约目的，采取了一对多沟通的销售方案，结果不明朗。

很多人在销售的实际过程中，往往也会由于不确定每次邀约、拜访和销售的具体细节做法而遇到此类问题，导致结果不佳，从而影响了转化率，让自己对销售没有信心，止步不前。

现在我来谈谈，你要如何去做才能避免此类问题，消除影响自身行动的阻碍。

1. 不要隐藏邀约目的

如果在邀约时隐藏主要目的，那么一旦他们知道设宴的真相是为了销售，就会产生不良情绪。

在本案例中，如果 W 先生的宴会主题是某产品说明会，就会是另一种效果，因为大家都是在知道活动主题后参加的。

但 W 先生邀请时说的是"给你介绍几个朋友"，这样的邀约语言会让潜在客户认为参加活动的目的是和老朋友见面、吃饭，同时认识新朋友，而结果却变成现场推销，自然会让人觉得扫兴。

这会降低参与者的预期感受，还会影响下一次邀约的参与率。

2. 不要混淆"销售"和"信息"

如果你在某个谈话中描述最近自己做的某件事或自己公司的产品有多好，那么这是一个"信息"。当我们向他人分享某个信息时，并不足以让他人真正产生兴趣和立即购买的欲望。这只是分享信息，不需要了解对方的需求，也不必去说服对方购买。

但"销售"则需要你介绍产品提供的功能，以满足客户特定的需求。这就需要你与客户建立信任、挖掘需求、展示产品、消除异议、提出解决方案等。

如果你处在销售的场景，那么你就要清楚潜在客户的购买决策过程是怎样的，他们是如何在内心谨慎地评价某个产品、品牌或服务的属性，从而选择或购买满足某种特定需求的产品或服务的。

因此，分享信息更多地是传递和告知，而销售则是一个满足客户需求的过程，我们要做好区分。

3. 不要忽略信息触达的顺序

如果你身边原有的朋友对你的身份已经有了一定的认知，那么在你进入一个新领域时，他人对你的印象好坏与是否需要你的产品，并不是划等号的。

比如在本案例中，W 先生新代理了保健产品，<u>虽然他有一定的社会影响力，但也并不是说只要他看好市场前景、他对产品的反馈很好等，就代表客户也存在这方面的需求，进而触发购买。</u>

然而，W 先生原有的社会地位及自我认知让他忽略了这一点。深层原因是，他认为自己认识的人太多了，也不太在乎在一个场景下大家是否都感兴趣，所以把销售变成了对自身目前的情况这一信息的传递，并在饭局上呈现。

那要怎样做呢？

(1) 单独邀约和拜访。W 先生可以在原有的人脉基础上，先做单独的邀约和拜访，根据他的社会地位和对他人的影响力，他会较好地完成。

(2) 深度交谈。 在拜访的过程里，和潜在客户深度交谈，有助于与他们建立信任，更进一步了解潜在客户的实际需求。

(3) 完成转化。 单独拜访时说话的信服度会比饭局上高出许多。因为 W 先生的社会影响力大、资源丰富、人格魅力较大，所以在他亲自拜访时，潜在客户会因他的亲自到访感受到自己受到重视，会更愿意接待他。而且在社会价值中的人际关系层面，见面后原有人脉圈就会为信任买单。（这份信任基于 W 先生的社会价值和他们在关系中的认同感。）

另外，W 先生在拜访中，除了产品需求之外，会运用自己的其他资源，帮助潜在客户创造更多的价值，因此效率就会提升。

(4) 做好相应的服务。 把后续的服务做好，让客户有更好的体验。在他们内心真正认可 W 先生的产品和事业之后，就会形成口碑，刺激更多人从事这项事业。

(5) 组织小范围的聚会。 在此基础上，当体验过的客户和从事这项事业的人多起来之后，W 先生就可以组织 10~20 人的小聚会。

这里的 10~20 人中要有新客户、老客户和已经从事这项事业的人。新客户的人数不要超过老客户和从事这项事业的人数之和。让对方基于好朋友和客户的双重身份，利用自身对你的了解及产品体验，来自发地帮助你影响感兴趣的人。

(6) 选择合适的环境。 最后不要忘记，在邀请新朋友时，也要明确邀约主题，并注意选择合适的聚会环境，比如可以从饭局改成喝茶，这样的环境更安静，可以减少干扰。

4. 不要在吃饭时谈保健产品的细节反馈

吃饭时，大家都注重感受，大谈"×× 原来得过什么疾病，病到什么程度，吃完保健产品后的身体状态如何"等细节，会引起不适。

在饭桌上，因为 W 先生是主人，又是他花钱请客，所以他基于自己的社会地位及个人认知（他没有觉得这个反馈有什么不能说的），在饭局现场不太顾忌地展开详尽的产品反馈。其他人由于是受邀吃饭的一方，又碍于身份、关系和礼仪等原因，并不好直接提出换话题的诉求。

5. 不要在饭局中展开一对多销售

如果不是以销售、谈判、合作为前提进行邀约，饭局中是无法真正有充分的时间展开有说服力的介绍的，所以要注重销售时机。当销售时机不恰当时，容易出现异议和话题转移等干扰，销售会比一对一邀约时难度更大。在一对多销售现场，经常出现以下三种情况，影响你建立信任的过程，从而导致销售转化率低、销售周期延长。

(1) 不太相信你所描述的。

"我之前用过此类产品，并没有什么效果！"

"你们的产品的具体研发过程你知道吗？"

"这家公司我没怎么听过，好像不太出名呀！"

(2) 干扰你的选择。

"你之前从事的××行业挺好的，为什么要做这件事？"

"这个产品挺贵，我知道另外一个品牌，比这个有知名度，价格还很便宜，你可以做那个品牌呀，回头我推荐给你看看。"

(3) 转移话题，让饭局焦点聚焦在他处。

"我和你们说，我最近做了个项目非常好，大家可以看看我的项目。"

看到这些你就会发现，之所以努力没有结果，是因为你偏离了正确的方向及方法。当你改变视角并学习正确的方法，就能够让问题迎刃而解。

1.4 为什么我的业绩不稳定

当你想去拜访潜在客户的时候，你首先会去拜访谁？如果你首批拜访的是以下潜在客户，你邀约的成功率会较高，但是业绩结果却不一定稳定。

- 我的好朋友；
- 我的亲戚；
- 我的大学同学；
- 我原来的同事；
- 我在某个场合新认识且谈得来的朋友；
- 曾帮助过我的人。

为什么？

因为你与原本就认识的人之间存在一定的信任关系，所以自然在邀约上就会容易许多，但业绩结果如何，就要看你原来的圈层的经济基础、你们的实际关系质量（你的个体价值）和你实际的销售表现这三者的综合情况。

在影响转化率及客单价的因素中，排名在前的是你原有客群的经济情况。

因此，我们首先要识别，**你拜访的客户的资金实力、购买需求和决策权如何，**这将直接影响你的业绩水平。

如果你原有的亲朋好友资金实力强、购买需求强、决策权较大、对你又很信任，这就会带来高收入的基础；反之，如果你原有的人脉资源购买需求强而资金实力弱，或者购买需求少且资金实力弱，就会让销售周期变长、客单价低、转化率低。

这就会导致即便花在销售拜访上的时间相同，由于首选的拜访目标不同，销售效率也会截然不同。

同时如果你原有客户的基础弱，你还会在很长一段时间内，持有较少的收入。

因为你在做销售初期时，首先就会去找原有客户，他们也有可能会碍于面子而购买产品。如果有需求的老朋友购买你的产品，鉴于彼此是亲戚或朋友的关系，很有可能你会主动给出成本价格。

你希望他们在购买之后，帮助多多宣传。但过不了多久，你就会发现，他们的宣传及转介绍的效果并不如你想象中美好。

这是因为，产品形态、个人性格、购买力、影响力和当初的购买理由这几个要素影响了转介绍及复购率。

那么在一段时间里，你主要以原有的亲朋好友为目标来开发潜在客户，在拜访完原有客户之后，你将会在短时间内达成业绩目标，但很快就会为没有新的客户而充满焦虑。同时你还会因为转化率低、客单价低、销售难做这样的负向循环而降低邀约和拜访的热情，甚至直接停止拜访或转换赛道。

因此，当你回顾曾经的拜访之路，就要提醒自己不要把拜访路径局限于此，我们要把视线放在正确的拜访目标上。

当你清楚了自己的拜访问题，你就能挑一条正确的路走，而不是走一条自己熟悉但没有太好结果的路，浪费很多时间，因为持续收入的高低首先取决于你的拜访目标和拜访顺序。

什么是拜访顺序？

如果你一天拜访 3 位客户，首先要把高价值的潜在客户安排在主要拜访时间，把相对低价值的潜在客户安排在次要拜访时间。

按照这个原则去安排，把你当天最好的精力、最强的能量、最优的状态都优先投入在最值得拜访及建立关系的客户上。如果按照周期来定，也可以在首要阶段，全部拜访高价值客群，当你做出成绩时，原有的市场人脉就会因你的出色而直接来找你。

这时，你就无须再让他人在你最初从事销售工作时，碍于面子而提供对你的支持，或者长时间说服他们购买。

1.4.1　你的日常表现

导致业绩差的第二个因素，是我们的日常行为表现。

当你明确想要拜访的客群时，你能否顺利实现邀约和拜访，得到深入交流及展示产品、项目的机会，取决于你在邀约之前，如何让他人认识你，也就是你给他人的印象如何。

从深层次来说，是你的自我规划与成就需求在起决定性作用。

先来说说自我规划与成就需求。这两点简单来说就是你想要拥有什么样的生活方式，决定了你的动机。你的自驱力、学习能力、毅力等，都在不同程度上决定了你的方向，同时也影响着你身边的人。你的态度和信念，都会通过你的语言和行为，透过你的朋友圈，成为他人了解你的途径。

在获得拜访结果和销售结果之前，有一个很关键的因素就是"你是谁"。在潜在客户表明对你的产品有需求之前，你给对方的印象会透露出你是否值得信任。

在同类产品的销售竞争中，为什么对方要选择给我们销售机会？实际上，我们的邀约成功率的高低和我们平日留给他人的印象有关。

他们为什么要见你？

除了潜在消费者的实际购买需求和决策权等因素之外，在你抓住机会让他人知道你所售卖的产品之前，你能否有机会深度交流及展示，是信任在起着至关重要的作用，而信任又基于你的态度、信念和日常表现，因为你的所思所想都会直接表现在你的日常行为上。

我们要清楚，在个人实现销售结果和成功拜访之前，"你是谁"更加重要，其次才是你售卖的产品。

这是因为他们要透过你来了解、相信你的产品，而不是当他们想要此类产品时，必须来找我们购买。如今，他们有多种购买渠道，选择在谁那里购买，不仅仅要看优惠条件或产品功能，还要看是否能满足其他隐性需求，比如建立深层次链接关系等的可能性。

因此，你的价值越大，他们越倾向于在你这里购买，同时也喜欢和你建立关系。由此可见，在实现销售结果之前，你的个体形象和个体价值发挥了重要的作用。

很多人在日常表现里，有时会疏忽无意识的表达和做法，会认为在自己出现的场合，在他人没有购买需求时，涉及的谈话内容和方向并没有那么重要，也无须太过注意。

这里的关键是，我们"以为"的没有需求，也许是一个假定前提。

案例 1-5　随意表达的 L 先生

L 先生 35 岁，从事房地产行业，喜欢喝白酒，偶尔跑步。一次他和跑团里的朋友约了一起跑步，同乘一辆车去往跑步的公园。L 先生的朋友 A 先生带朋友 C 女士一起跑步。L 先生与 C 女士并不认识，一路上他与 A 先生聊着天，并没有和 C 女士说话。他们在车里的聊天内容涉及了喝酒的话题，此话题占总体聊天内容的 70%，大致如下：

"我没啥爱好，就喜欢喝白酒，每顿饭能喝 8 两。我经常和邻居一起喝，他们有在家带孩子的，有卖汽车配件的，还有自己开烤串店

的。唉，现在生意也都不好干，上班钱也不好挣，哥几个经常喝两杯还能好点儿。和他们喝完我就睡觉，虽然第二天会脑袋不清醒，但是不喝不行，就这么一个爱好，要不然生活太苦闷了。我喝完酒都要休息 3 天才能跑步，我不像你（指 A 先生）一样能坚持跑。"

当天结束跑步之后，他向 C 女士发出邀约："告诉你一个好事，我最近卖的房子有 6 折优惠，这是公司内部信息，高中低档别墅、洋房、高层都有，特别合适，你要有时间就过去了解一下。" C 女士回复说"好的"，但并没有下文。

【解析】

案例里的 L 先生以优惠信息递出了邀约，暂且不论这位 C 女士是否有潜在需求和购买实力。

这一次 L 先生和朋友的对话就减小了 C 女士去了解的可能性，因为话题随意，关于自己的嗜好的话题占总体谈话内容的 70%，没有顾忌有第三人在场。这种销售人员对生活状态的苦闷及"脑袋不清醒"的印象，就传递到 C 女士那里了。

L 先生的邀约在他看来只是顺嘴一提，他并不太在乎 C 女士是否会去，还会认为自己是在传递一件好事，但是 L 先生之前留下的印象会影响 C 女士的感受，无法获得她的信任，进而也就影响了邀约的成功率。

案例中的 L 先生对一位初相识的潜在客户进行无意识的习惯表达，这种日常行为在社交关系里比比皆是。

不要忘记我们在销售身份之外，个体印象值是一个人的综合表现。

在日常谈话中，吐槽或倾诉未能解决的事，原本是和好朋友聊天的一种基本诉求，但是这里的区别是，你是与身边亲密的朋友聊此话题，还是逢人便说。

当我们在聊天时谈及隐私、负面情绪时，并不会认为此事有任何不妥当。这种想法的危险就在于，一旦语言行为不可控，就会形成惯性表达习惯，不管对方是谁，都会习惯性地表达目前的难点。

我们要清楚，在日常的社交关系里，并不是交心和真实就会让关系更值得信赖。如果别人知道了你的隐私，或者知道你经常有负面情绪和不好的生活状态，那么同样愿意花钱的潜在客户就会另寻他人。而没想花钱的人，也可能会因为不想被你的负面情绪影响等而刻意疏远你。

1.4.2　语言中无意识的惯性表现

案例 1-6　抱怨生意不好做的比萨店老板

N 女士的工作室楼下有一个门店，叮叮当当地装修了一个月，新开了一家比萨牛排店。有一次，她在其旁边的咖啡厅外的座椅上休息，比萨店老板正在院里浇花，看见 N 女士就自来熟地聊起来。

"你是不是这附近的？"她问 N 女士。

"我就在楼上办公。"N 女士回应她。

"你那栋楼办公的人多吗？"她继续问道。

"挺多的。"N 女士回应道。

她继续说："这附近的生意可真不好干啊，房租不便宜，没想到根本没有什么顾客。"

N 女士说："是的，这附近都黄了好几个店了。"

她得到了"认同"，又继续说起来："我当初租这个门店的时候，就看好这个小院了，没想到这附近人这么少，也太难了。原来我是做蛋糕的，你看，我也不能一直打工吧，就合计开个店。我亲哥是做西餐的，所以我就合计干个西餐店，因为成本低，但是现在装修工人可贵了，一个人一天就要 400 元，我这装修加房租花了 30 万元，还不敢雇人。昨天有个外卖员来取比萨时还和我说，你怎么找个这么偏的地方。唉，现在外卖运营都很贵，我自己算不明白账，就得找外卖运营公司帮着'整'，这个费用就要好几千，他们只负责一个月，然后就需要我自己运营了。你说说，这成本太高了，我的比萨一点都不贵，外卖一单只能挣几块钱，我在这附近开店，就想做一个低价位的比萨牛排店，没想到这么难做。我这个店离家还太远了，为了节省成本，我每天只能住店里，我一天连个说话的人都没有。"说完这些，看 N 女士没有继续要和她说话的意思，她就进屋了。

后续这个店开了不到 3 个月，就因为成本高、客流少等问题经营不下去，低价出兑了。

【解析】

在本案例中，店老板一上来就说自己的难处，她并没有意识到这个行为有什么不妥之处。

在她看来，只是自己目前做事的进展与原有的预期有所偏差，一来对方是附近的邻居，更容易理解她的感受和想法，二来她并没有在意过多，只是吐吐槽。但她没有想到，她聊天的话题与自己的生意会有直接的关系。

这就是把潜在消费者区隔于"生意意识"之外的做法。

任何发生在我们身上的交流过程，都会让他人对我们的思想和行为产生一定的印象。不要认为他们和你目前还不是"客户关系"，就不在乎。

负面情绪会折损美食的味道，也会影响消费的可能性。心怀喜悦的人，不仅做的美食更好吃，也更容易吸引客户的到来。

在分析完案例本身之后，我们来看看，在一次沟通中，如何表达难处才能与潜在客户建立信任呢？

就上面的案例而言，有助于建立信任的沟通方式如下。

【示范】

比萨店老板："嗨，你是附近的邻居吗？"（打招呼）

N女士："是的。"

比萨店老板："我最近几天经常看见你在这喝咖啡，这个小院晒晒太阳真不错。前一段时间看到这个门店，门口有个小院，感觉特别好。我想这样来餐厅的人都能在院里坐坐，看看花、晒晒太阳，感受非常好。"（寒暄）

N女士："是的，这里的环境不错。"

比萨店老板："我第一次自己开店，之前是在××品牌店做蛋糕，有很多年的做蛋糕经验，自己特别喜欢研究美食。我亲哥是做西餐店的，所以我也一直在和他学习，我很喜欢做西餐。"（美食经验背书）

N女士："哦，那不错呀。"

比萨店老板："你等一下，我去拿一份我刚做的蛋糕，你尝尝。"（由用户体验促进感知消费）（N女士此时所在的咖啡厅没有蛋糕品类，所以并不冲突，咖啡店老板和比萨店老板关系也很好。）

N女士："太客气了。"

比萨店老板一边递蛋糕，一边说："都是邻居呀，你说，我只会做美食，还不太会经营，认识个新朋友我很高兴。你能品尝，我很开心，也希望你多多帮我提点建议呀。"

N女士："嗯，谢谢。"

转换后的表达思维是建立在不抱怨的态度上的，在明确做一件事时，如果遇到的困难不在预料之中，就积极寻找解决办法，不随口抱怨。

在日常生活中，有的人会和好久不见的朋友说："我最近选择做这个事，你都不知道有多难，根本就和我想的不一样，我的领导，事儿还特别多……"

和朋友聊到最近带孩子的事情时说："你都不知道，带孩子真的很崩溃，我都要抑郁了，孩子他爸也不管，真的太后悔结婚生孩子了。"

有人也会倾向于认为"对方已经告诉我,她目前不需要,因为她目前不是我客户,所以我们随便聊聊""我们都是朋友,没有事"。

我们需要注意,销售不仅仅发生在即时需求产生时,它是一个让他人对你有持续认知的长期过程。即使他人当时没有需求或购买能力,也依然会有帮你做转介绍的可能性,所以不要认定对方在一段时间内不是你的潜在客户,就随意表现。

因此,如果你在描述某件事的时候,毫不顾及他人的想法,只实事求是地讲发生了什么,在沟通时不注意话题的方向和内容,那么这种无意识的、随意的行为——虽然你通常自认为是真诚的表现——就会让你的潜在客户在无形中流失。

在聊天的过程中产生的任何负面行为,如抱怨孩子、老公、父母、公司老板或团队等,都可能会让人怀疑你能力弱和态度消极。

如果一个人深陷这些困难不能自拔,不是想办法直接解决,而是吐槽情绪,那么结果只会让人对你当下的状态感到担忧,而不可能对你的能力产生信任。

因为潜在客户会自然而言地认为,无论你吐槽的是谁,你的精力大部分会消磨于此,并不能真正地投入到工作本身。

因为一个人的大部分精力是放在工作上,还是放在抱怨上,就是这个人是否值得信任的证明。

在一段关系建立时、日常沟通中或销售初期,人们总是想要给对方留下好印象,说话的时候也不会想太多,认为只要是关心对方或对对方好的,就都可以当成话题来说,反正也不是要向他们销售产品。

例如,有以下几种常见情形。

1. 在日常谈话中,表达的故事和信息是悲伤且沉重的

很多人因为最近身边偶然发生了什么事件,让自己"触目惊心",所以在

与他人见面或吃饭的时候，就想到了此事，想要提醒一下对方注意身体或注意安全等（出于好心）。然而，由于在表达时过于描述细节、强调后果，这种传递信息的语言就有了"暗示"这样（不好）的事会发生在对方身上的感觉，让对方感到不适。这种做法会遭到他人的反感和本能的抗拒，引起不适，进而影响关系的建立。

例如，一个人工作特别拼，很辛苦，一起坐车的人就想告诉她别那么累，她说："你不用那么辛苦，一定要注意休息。我有个朋友，年纪轻轻就得了绝症（具体描述其痛苦症状和忙碌的工作状态等来龙去脉），现在后悔都来不及了。你一定得注意身体。"虽然是出于好心，但是这种忙碌的工作状态导致患绝症的说法，以及对方有同样的工作状态就有一定概率会得绝症的暗示，让人很不舒服。

2. 在谈话中，有夸大事实、吹嘘的行为

在日常聊天中有过于吹嘘、显摆、夸大某个事件的行为，比如有人会把自己过去经历的事件夸大，当成聊天素材包一样随时随地取用，让人对他们说的话产生怀疑，进而拉开距离。例如：

"我的前男友是个亿万富翁。"

"我家孩子是最年轻的坐上劳斯莱斯车的人，因为他从出生就坐上了这个车。"

"我用的护肤品全都是一线奢侈品牌，家里摆的到处都是。"

"我家里也有和你一样的书柜，家里书老多了，我就是不看。"

正常聊天时突然话锋一转，毫无征兆地说出了以上充满优越感的话，然而以他们目前的实际情况来看，信息真假不辨自明。内心越是缺乏自信的人，越是无处不在地彰显自己的"富有"。

另外，在销售中，夸大产品功能、吹嘘功效一样会让人敬而远之。

3. 平日里经常麻烦别人

比如，对方是做英语老师的，就和对方说"你英语好，帮我简单翻译个文件呗"；对方是做化妆行业的，就和对方说"你非常擅长这个领域，我有个年会需要化妆，你给我简单化一下呗"；对方挣得多一点，就直接说"你挣得多，这顿饭钱就你来付吧"。或以个人需求为导向，要他人帮助完成某网站注册、填写个人信息、观看视频等一系列烦琐的内容，或因为需要多人协助，就群发信息让别人帮忙。

或者自己目前缺钱，就直接向微信里不熟悉的人借钱："我最近信用卡还不上，你借我一些钱，你有多少都行，我不嫌少。""我最近发生了一件大事，我急需要用钱，我看你挣得多，你帮帮我。"诸如此类。

以上这些行为，大多是日常表现。

很多从事销售行业的人会认为销售只是看产品、看客户实际的购买能力和购买需求，但是产品由谁来销售、销售的结果如何，却与个人品牌有很强的关联。我们在日常生活及工作中的状态，都会影响我们的个人品牌的印象值。

因为我们展现在他人面前的各种无意识的行为表现，会在他人心中一点点地建立起"印象大厦"。

之所以很多时候你没有成功邀约身边的人，或者没有让他们产生购买行为，其实常常是因为原有的"印象大厦"在作怪。"印象大厦"需要很长时间来推翻，这也是刻板印象很难消除的原因。

因为消费者购买的是产品背后真正的价值，所以由哪个销售人员来传递这种价值更能为自己提供优质的服务或更多利益，他们就更倾向于在谁那里购买。

印象的建立不仅发生在销售期间，很多时候在互动的社交过程里，人们彼此了解熟悉。他人会透过日常的言谈举止对你有所了解并产生认知，所以在他们有同类产品的需求时，你日常得体的表现就会提高他们首先找你去了解或购买的概率。

如果我们的个人能力不足、关注点偏负面、信心弱、总是抱怨困难重重，那么当我们展开邀约或有机会进行产品展示的时候，他人潜意识里就会选择观察一下、再考虑考虑或者再等等。从获益与损失两个角度，任何人都不希望遭受没必要的损失。

综上，当我们知道了在社交关系里的日常表现，会影响销售邀约成功率及销售结果，我们再来谈谈邀约成功率低、业绩差的第三个常见原因。

1.4.3 微信朋友圈及微信群的信息呈现

有的销售人员会关闭朋友圈，认为自己没有什么可发的，生活和工作中都没什么值得发的内容。

有的人觉得，"我发不发朋友圈没有那么重要"，认为"看我的人少"。他们觉得现在人们通常会更多地关注短视频，浏览朋友圈的频率也会低很多。

然而也有销售人员会高频率地在朋友圈发广告，不在意他人的想法。

还有一种人，在朋友圈发的内容都是无意识的表达，想到什么就发什么。

以上四种情况都会让你离"专业"渐行渐远，这会使你邀约潜在客户的难度增加。

因为我们的微信好友并不完全是非常熟悉的，微信好友里有一部分人和你是仅有一面之缘的弱关系链接。在你们之间没有那么熟悉、彼此尚缺乏了解时，你的朋友圈就会成为你展示个人品牌、个人风格的窗口。在你邀约他人时，他们会在第一时间浏览你的朋友圈，从你过去在朋友圈发布的内容侧面了解你是一个什么样的人、是否是他们想要建立深度关系的人，然后再决定是否安排时间与你见面。

这无形中就会影响我们的邀约成功率，或者增强或减弱购买动机，所以朋友圈是一个隐形的拓客渠道，你发布的内容，可以影响你与潜在客群的信任关系的建立。

另外，除了朋友圈之外，你在微信群内的发言也是一种渠道。

微信群里的人不都是我们的朋友圈好友，但你发的聊天内容，同样能让他们从侧面了解你目前的状态。因此，关注你的日常表现和行为，展现正向的积极态度，会让你获得更多机会。

1.4.4 不断挣差价的行为

在初期市场开发的过程中，有不断挣差价的行为，这是影响业绩的第四个常见因素。

案例 1-7 挣差价的 S 女士

S 女士辞职和朋友开了一家人力资源公司。他们由于资金少，就没有雇人。S 女士性格开朗，主做市场开发。她在开发市场的过程中，参加了许多活动，想要找到潜在客户。但与此同时，她也发现别人的生意做得比较好，就萌生了想要一起挣钱的想法。但她没有钱，"活动主"看出她的心思后告诉她，想做的话，并不需要投钱，只需要带人、多宣传，即可挣差价。她觉得市场前景、项目运营都不用自己操心，仅需要带人和做做宣传就行，反正自己也经常参加活动，挺好的，于是就加入了。3 个月内，她不停地参加各种活动，不断地发现"好"项目，自己积累了近 10 个销售代理。过了半年左右，原本的人力资源公司业务没做好，那些新的项目也没挣到什么钱，让她很苦恼。

【解析】

本案例中的 S 女士，一是经济紧张，二是自己的职业规划不够清晰。

开发市场需要一段时间的开拓期，是有成本支出的。同时，要把一件事情做好，需要投入更多的精力。案例中，S 女士主动参加大量活动去认识人，寻找潜在客户的做法是正确的。但是，在她想要多挣一份收入时，她没有意识到自己多个销售身份会给潜在客户带来不同的印象，造成不专业的感受。

不把工作精力放在一个赛道上，不完成本职工作，兼顾 N 个职业，意图仅通过发朋友圈宣传和带人两个动作来挣差价，这种行为对与她合作的商家来说并没有什么损失。

但是，潜在客户一打开她的朋友圈，各种广告扑面而来。她在给别人介绍业务时，也会并行多个业务的介绍。这些都会影响他人对她是否专业的看法，进而影响她的个人品牌和收入。

1.4.5 没有进行正确的销售复盘

在现实中的销售拜访里，常常听见客户这样说："不好意思啊，刘经理，我最近没有时间，等过一段时间不忙了，我们再约。""王经理，谢谢你大老远跑一趟，给我介绍这个产品。我很满意，不过我需要和我们领导沟通一下，毕竟你知道，这事不是我一个人能够决定的。"当出现类似场景时，你会如何理解这些事呢？是潜在客户真的在忙吗？是他们没有决策权？没有钱？还是他们此时没有需求？他们在做决定时真的需要和领导沟通吗？他们要沟通多久？客户是否对我这次展示的内容满意？我所推荐的产品在他们的预期之内吗？

在每次拜访、销售结束之后，你是否有进行正确的自我反馈，并不断优化过程？有没有进行正确的复盘，会影响我们自身的业绩表现。如果没有进行正确的销售复盘，就会悄悄阻碍你的业绩增长，这是业绩不稳定的第五个常见原因。

因此，想要持续提升业绩，离不开每日的销售复盘。

什么是销售复盘？

销售复盘是指，基于自己的销售结果，客观地面对真实的自己，站在高处俯视在现实情境中自己的整体表现。它可以提高转化率、客单价、复购率，增加转介绍，让你获取每天都有所进步的能力，同时可以减轻你被拒绝后的焦虑感，让你正确地行动，让你下一次的拜访及销售更加顺利，获得成功。

将销售复盘日常化，会让你有所进步。以下是复盘步骤，你可以按照以下内容进行日常拜访工作的梳理。

1. 拜访目标

- "我有没有完成今天的拜访、销售目标？"
- "如果没有完成，我是否做好了接下来的拜访计划？"

2. 建立信任

- "我今天的表现是否让客户信任？"
- "我今天的外在形象是否得体？"
- "我的笑容是否自然？"
- "我的礼节如何？"
- "我是否有自信？我看潜在客户的时候，目光是坚定的还是躲闪的？"
- "我与客户沟通的氛围如何？"

3. 销售展示

- "我是否注重了倾听？"
- "我是否关注到了客户的真实需求？"
- "我展示产品时的销售节奏如何？"
- "我是否充分表达了必要的观点，并获得了客户的认可？"

- "我是否留意到我在介绍时客户的反馈信息？"
- "我的这次销售表现中，是否因为每个客户画像的不同，让我的话题、产品展示方向、产品反馈等发生了变化？还是我所有的销售表现全都一样？"

4 销售成交

- "我是否明确我的客户因何购买？"
- "客户是看上了什么益处而购买我的产品或服务的？"
- "我今天做了什么促使客户产生立即购买的'关键需求'？"
- "客户最欣赏和赞扬的是我提供的产品或服务的哪个部分？"
- "如果今天成交了，我今天销售的水平可以持续保持吗？还是转化率存在偶然性？"
- "如果我今天没有成交，客户对我不认同或拒绝我的真正原因是什么？"
- "客户说没有需求、没有钱，这是他拒绝我的真实原因吗？我该做出哪些调整？"

销售复盘发生在每一天的销售结束之后。真正地去思考销售中的真实场景、你平时有哪些不自知的行为习惯，将有可能影响成交结果的内容记录下来。一个人梳理的时候很容易面对自己的优势和不足，是意识不断觉醒的过程。要记住，在销售中，事事皆关键。

第 2 章
正确的拓客方式

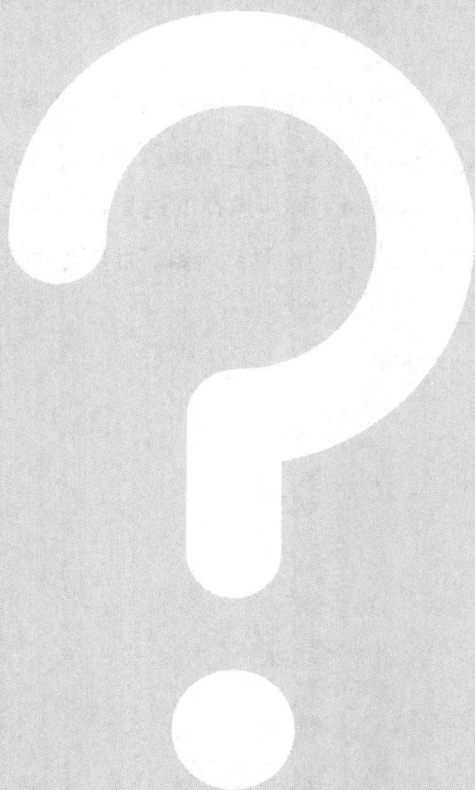

2.1 定位目标客群

我们的客户是谁？在明确第 1 章的内容之后，我们要在自己的客户拜访名单上，列出日后市场开发的主要目标群体。他们是某公司创始人、团队负责人、影响力中心、热衷于组织活动的人、高收入群体，你要把更多的时间投入在这类客群上。

关于开发市场，有一点我们要清楚，你的首批目标客群定位在哪里，你未来的客群就有很大概率在此范围内。以上的高质量客群有天然的影响力，会帮助你做更多转介绍。这是因为你所选择的这类客群的信任背书更值得信赖，你的成交会更容易实现，你也会受到鼓舞，拥有更大的信心。在销售中，信心会让你走得更远。

而这就形成了正向循环。

2.2 拓客成交的三种时间

在我们邀约、拜访及展示产品之后，客户就一定会成为你的客户吗？当然不尽然，这取决于众多因素。任何事情都不是一蹴而就的，我们不能刚在某个场合认识了一个人，就一定要立即成交，或者反过来因为对方此时没有需求，看起来对自己也不感兴趣，就对自己非常失望，甚至认为市场难做而放弃。

一般而言，在销售谈判中，根据所售产品及信任关系建立时间的长短，在找到客户之后，成交一般发生在以下几个时间阶段。

1. 立即成交

你的目标客户有经济能力、购买需求和购买决策权。

对于这类客户，你需要做的就是，第一次见面就与其建立信任关系，利用自身的专业能力、产品和个人价值来满足其需求，或者解决其工作中的某个难题或诉求，让对方因为看中你的价值而快速做出购买决策。

同时，你要在服务周期内做好服务并保持好关系。不要因为客户层次过高，在销售结束之后就不再联系；也不要在后期接洽或拜访中，让自己的下属代替，自己不再过问，这会影响到你的客户体验和复购率。

在注意这些细节之后，你就会发现，由于你的产品及用户体验交付得好，他们会复购，并愿意帮助你做转介绍。

2. 需要一段时间

有一部分潜在客户在认识你的时候并没有购买需求及意愿，在他们对你还不够了解的情况下，需要对你关注一段时间。

在这段时间里，你所建立的个人IP、你与他们相处的模式、你持续给到他们的印象，会让他们对你产生新的认知，所以你无须去打扰或者频繁拜访他们，只需不断提升专业知识，建立好个人IP，同时去多认识、拜访其他客户即可。当这些潜在客户有了需求及购买想法之后，他们会第一时间想到你，这就是通过自身的专业性抢占用户心智的做法。

3. 碎片化时间

对于不是你市场开发的主要目标的客户，无须花大量时间去做拜访动作，但也不要完全放弃，你可以利用碎片化时间，向他们进行产品展示，或者与他们建立个人关系。

做好个人关系的建立，对你有两个好处。

- **他们会帮你做引荐**。与他们建立好个人关系，他们在对你有所了解、熟悉之后，就会自发地向上（比如公司里有决策权的人）做引荐和背书。
- **减少阻碍**。这类客户往往会由于经济问题而在做购买决策的过程中更慎重。如果你通过不断地服务高价值客户，持续做好本专业，并做好个人输出，那么他们看见之后，在对某个产品有需求时，就会倾向于找你咨询、购买，这就减少了很多决策阻碍。

开发新的市场，要多多发现优质客户，增加客户量。

在了解拓客成交的三个时间阶段之后，你就不会因为个别拜访受阻、决策周期延长，或者信任关系的建立需要更多时间的了解而充满焦虑。客户越多，你的可选择性就越广；反之，你就会陷入资源匮乏之中，动弹不得。

2.3　活动拓客背景介绍

关于发现优质客户，我们通常的渠道是利用活动场域拓客。

我会从简单的部分开始讲起，当你能够完成简单的部分而增强自信后，再慢慢过渡到有难度但收益高的部分来。关于这些渠道的拓客方式，你可以根据自身的实际条件和能力，自行决定从哪个部分开始学起。

我即将为你展开的用于拓客的活动场域分为 4 种：微小型活动、中小型活动、中大型活动、大型活动。以下是这 4 种活动的背景信息。

微小型活动为读书会、各种主题的沙龙活动等，一般活动人数在 20~50 人，活动高频；中小型活动的主题范围与微小型活动接近，一般活动人数为 200 人左右，活动中频；中大型活动多为主题发布会、学习分享峰会、行业信息峰会等，一般活动人数在千人左右，活动低频；大型活动一般人数在万人左右，如车展、特许加盟展等，活动低频。

了解以上活动的背景信息，可以在你做市场开发初期，帮助你增加私域流量。

2.4 微小型活动的 7 个拓客要点

在你初做销售的时候，首批客户是你先要去开发的，也是原始客户积累。微小型活动的规模小，活动组织较为频繁，在市场开发初期，你可以关注本地线下活动，将其作为增加潜在客户的入口，这是难度最低、获取客户方式最佳的做法。

微小型活动的 7 个拓客要点如下。

第一，找到活动举办地；

第二，选定活动主题；

第三，认识活动组织者；

第四，让自己成为活动核心成员；

第五，选择与活跃或优秀的人结识；

第六，认识参加此次活动的其他活动的组织者；

第七，主动成为分享者。

那么，具体你该如何做呢？

1. 找到活动举办地

首先要找到活动举办地。获取活动信息的入口有很多，活动组织者会通过多种途径发布信息，如互动吧、活动行、商场的会员中心、书店、各类学习平台 App、各类公众号和各种微信群等。

我们平日要经常关注各类平台的活动信息，在初做市场开发时要把至少50% 的时间投入其中，来增加认识潜在客户的机会。

2. 选定活动主题

当你知道以上获取活动信息的入口以后，你要明确自己想要参加的活动主题，锁定和自己兴趣、专业有关的两个类别。在不同的组织者举办的活动中，主要参加这两类主题的活动，这样做的好处是你可以获得认识潜在客户和个人成长的机会。

深层次的好处是：可以让你在垂直领域中更有深度，当你与潜在客户交流时，有更多谈资，树立专业形象；高频参加两个类别以内的活动，可以促进和活动组织者的关系。这两点都可以为日后拓客打好基础。

3. 认识活动组织者

在参加活动时，你要先想着认识活动组织者。这是因为，在你参加的活动场域里，组织者的影响力是最大的，认识他们之后，当日后你赋予他人价值时，这些组织者可以帮你做人品背书。

那么，我们该怎样认识组织者呢？来看以下 5 点。

- 意识到先认识组织者的重要性；
- 找到他们在哪；
- 塑造印象；
- 主动加上活动组织者微信；
- 为他们创造一个价值。

首先，意识到先认识活动组织者的重要性这一点非常重要。如果你把该前提忽略，就会变成一种意识层面的"筛选"，这种筛选会受到你当时的心情、状态和活动情境的影响。

比如你在活动情境里，明明是想要认识组织者，但如果有人在活动开始或结束的空闲时间先和组织者说了话，你就会想到"他们也许很忙，我可能没有机会，他们不一定会理我"或者"不知道对方性格如何，是否容易接近，会不会拒绝我"等制约条件。

其次，找到他们在哪。

找到活动组织者，就会顺势找到该活动的负责人。你通过报名的入口，就能看到活动组织者的联系方式。进一步你通过他们来确认，谁是活动的主要负责人，主动去认识他们即可。

再次，是塑造形象。

这里的"形象"是指我们在整场活动里的个人表现。此时需要注意的是，这与你的销售身份无关，与你是谁有关。你参加活动，你就是活动中的一员，不要想着"我的目的就是找客户，其他和我无关"，你是否能找到客户和增加更多人脉首先取决于你是谁，所以树立形象是最关键的。树立良好的形象，离不开你在活动中的整体表现，这里也包含活动尾声的感受反馈环节。关于如何在活动尾声利用感受反馈环节建立关系，我为你整理了具体做法，请见2.5。

主动加上组织者的微信也是重要的一环。加微信的重要性在于，将共同参加活动这样一种即时关系变成微信好友这样一种长期关系。

不要担心对方不愿意加你的微信，你只要对他们的活动感兴趣，你愿意参加，你认为该活动负责人的价值观和为人都不错，就可以去主动加对方的微信。

要怎样才能加微信呢？

在活动结束之后，主动和对方反馈活动感受，再表示想和对方成为好友，即可加上对方的微信。

> **小提醒：不要忘记建立长期印象**
>
> 不要因为加上微信了，就立即向对方销售产品，或者给对方发广告信息等。加上微信只是你们成为朋友的一种途径，至于对方是否能成为你的客户，还要看对方的购买需求、时机和对你的信任程度。

最后，<u>为他们创造一个价值</u>。这里讲得比较保守，不过这是最起码的要求。你要至少创造一个价值，这对你人际关系的建立只有好处，没有坏处。

那要如何创造价值呢？笔者帮你归纳了两条，你可以作为参考。

首先是从体力上。当你和对方认识了之后，可以在活动结束时帮助对方恢复一下场地布置。

因为微小型沙龙活动的规模一般在 20~30 人，桌椅位置往往是组织者为这次活动临时摆放的，所以活动结束之后需要将桌椅归位，如果你参加的微小型沙龙活动恰巧有此需求，你可以留下来帮忙，稍晚一点再走。

> **小提醒：帮忙之前要确认**
>
> 此时需要注意的是，在帮忙之前要先确认组织者是否要做一个及时的复盘或者是否有其他事情要立即处理，如果是这样，你就可以在下次沙龙活动时提前到场，帮忙布置。一切根据当时的情境而定。

其次是从宣传上。这个角度是指，从活动组织者来看，无论自己的活动规模大小，都需要有一定的人气。当你了解这一点之后，就能很自然地做出相应的动作来为组织者提供价值。

如何做呢？比如，可以在朋友圈发布此次活动的感受，或者带身边的朋友参加下一次活动。

具体来说，你可以根据沙龙活动的形态，在活动结束之后，总结一下活动收获，并发布到朋友圈和该活动的微信群内。

在内容上，除了个人的学习所得之外，还要注意写明对方的名字或者品牌名字，比如："今天参加了 × × 老师的读书会活动，通过这次读书会，我感受到了……感谢 × × 老师（或 × × 品牌）组织了这次活动，收获良多。"

小提醒：用好微信"提醒谁看"功能

可以在发布这条朋友圈时，用一下"提醒谁看"功能，让活动组织者看见。

同时，要把总结发到当日活动的微信群内。你不要认为别人不发，只有自己发显得不好，或者认为自己文笔不行就不想发，或者抱着发了也没用的心理。只要你用心做输出，无论是从利他角度上看，还是从自我成长上看，都比较重要。

另外，在下一次参加活动时，可以带上自己身边的好朋友一起参加，为活动拉动更多人气。因为沙龙活动规模小，所以人气就是组织者最关心的事情了。当我们能站在他人角度进行思考的时候，就会自然打破你"想认识他们很难"的心理阻碍。

4. 让自己成为活动核心成员

成为微小型活动的核心成员，会让我们与常参加活动的人成为好朋友。

如何让自己成为活动核心成员？

你可以经常出现在此活动中，同时帮组织者做一点力所能及的事情，在逐渐和组织者熟悉之后，你可以帮忙接待或照顾新参加活动的朋友。

5. 选择与活跃或优秀的人结识

一般在参加活动时，大部分人会倾向于选择认识身边的人，比如邻座或同桌，因为这样比较容易结识。但参加一次活动只认识一两个人，在渠道拓展方面不会带给你特别大的好处。

你在参加活动时，会花费时间（路上的时间和活动时间）和钱（路费和活动门票等）。参加一个活动，加上路上的时间在内，往往至少需要 4 个小时。因此，你要清楚，你参加此次活动的目的，首先是认识更多的人，其次才是去学习该活动的内容。你选择认识什么样的人，最终给你带来的机会是不同的。

因此，在活动中，你要选择优先认识优秀的人。

那如何认识优秀的人呢？

(1) 在活动中，你可以通过自我介绍及活动尾声的感受反馈环节，去留意谁是优秀的人，主动认识他们。

(2) 在活动中，识别谁是当下这个场域中相对优秀的人或性格热情、活跃的人。

认识优秀的人看起来是一件简单的事情，但是要做到却没那么容易。

因为当你自身的需求没有那么强烈，又不够自信的时候，一旦你遇到的人和自己年龄相差不大，但形象、知识、财富等方面都远好过自己时，你就会产生望而生畏的感觉。

基于这种感受，大部分人是不愿意认识比自己优秀的人的，这不仅是担心对方是否接纳自己的问题，也是自己是否接纳自己的问题。

那要如何做到呢？记住以下两点即可。

第一，接纳真正的自己。接纳自己的优势，也接纳自己的不足。多肯定自己，不断学习成长。

第二，尊重且欣赏他人的优秀。能够发自内心地欣赏他人的优秀，这是一种自信。当我们学会转换视角好好欣赏时，就会把潜意识里对自身不足和劣势的对比悄悄转移。他人也会接收到你的欣赏，而愿意和你沟通或者成为朋友。

欣赏有时无须多言，一个眼神或者几句发自内心的话，就可以轻易地让他人感知到。

> **小提醒：不要刻意赞美他人**
>
> 不要刻意赞美，这样只会形成对比或拉开更大的距离。尊重和欣赏会让你们的距离更近，它与刻意赞美是两个方向，可以让他人放心地与你交朋友。

认识优秀的人，会让你更容易发现世界的美好，可以不断学习他们身上的精神和态度，激励自己。另外，站在拓客层面讲，他们所在的也是一个优秀的圈层，所以这个动作会让你无限连接美好。

6. 认识参加此次活动的其他活动的组织者

我们除了要在活动里认识以上两种人，还可以看看参加此次活动的人中是否也有其他活动的组织者、媒体人等，这可以帮助我们链接更多机会，增加拓客渠道。

> **案例 2-1　用户体验后的转介绍**
>
> 早些年，我做形象设计公司的时候，我的大客户引荐我认识了本地一家人气很高的咖啡厅的 C 老板，他同时也经营着一家豪车俱乐部。他经常举办高品质活动，经营有方，客户络绎不绝。因为我们的客群都比较匹配，认识之后，C 老板就邀请我和他们一起举办"'西红柿'大战"的主题活动。他还同时邀约了几个当地比较有名气的商家为合作伙伴，在接下来的合作者会议上，我认识了许多媒体朋友和其他合作者朋友。后来这些媒体朋友帮助我免费做了许多采访，增加了我的知名度。在了解彼此所从事的行业和做的业务之后，我们和当时一起做活动的其他合作者也产生了新的合作。

【解析】

当你参加某个活动的时候，你可以在纸上按类别列出活动里的人物组成，明确接下来你要与谁建立关系。

例如，这个活动里的人物，分别是我的大客户、C 老板、异业合作伙伴、媒体朋友、以及此次活动的其他客户。当你像这样列出活动中的人物后，就标记好谁可以成为你的潜在客户或者合作伙伴，这样有助于你接下来的关系的建立和潜在客户拜访目标的选择。

下面，我会逐一为你讲解在活动里建立人脉链接的细节。

细节一，多为活动赋能。

在你参加活动时，不要只想着"我能获得什么"，而要多考虑一下对方需要什么、自己能做什么。

当时，在活动的前期准备阶段，因为需要做策划方案、准备活动物料、明确人员分工、进行媒体宣发等各种工作，所以大家常常忙到半夜。但没有人因为觉得自己付出的时间多一点而去计较参加此次活动是否值得、能不能有什么收益等，所有参与的人都把此次活动当成自己的事，全情投入。

细节二，与联盟合作者建立关系的两种做法。

(1) 当你有相关活动策划经验时。 如果你有相关活动策划经验，在首次活动见面会上和各位合作伙伴商讨活动细节时，就不要只是听他人的想法，做一个旁观者，而要积极发出自己的声音，提出自己的想法。不仅以合作者的身份，更要尝试站在用户体验的角度来提出建议。

这时，你的建议是否能得到大家的认同、是否能被采纳，并不是非常重要，这与你自身的活动经验有关，重要的是大家看到你的用心。（如果你有多年的活动经验，那么你的建议就会很加分。）

(2) 当你没有活动策划经验时。 如果你没有关于做活动的经验，力所能及地多多付出行动，用心做事即可。

【总结】

在参加活动时，在场的人会通过你的态度、表达和行动，来侧面了解你是一个什么样的人，这也会为你们后续建立关系做好铺垫。

比如，基于我在那次活动里的付出及活动建议，在会议结束之后，他们主动提出要和我做异业联盟，帮我链接了更多人脉资源。

细节三，不要忽略与媒体朋友建立关系的机会。

如果在你参加的沙龙活动里也有媒体朋友，不要因为他们的身份而不敢和他们说话，可以准备点见面礼，尝试与他们成为朋友。

> 8年前，我在做形象设计公司，所以我准备了一些VIP形象设计储值卡。在当日的合作者会议结束后，我单独送给他们作为见面礼。后来他们来我的店里做客，得到了很好的体验，他们主动提出帮助我在媒体上做主题活动，为我的品牌提供支持。

7. 主动成为分享者

为什么要主动成为分享者？

这是因为，在参加活动的时候，你的分享会让他人有认识你的途径。

这里的好处就是，如果你在现场想认识新朋友并加对方微信，分享者的身份会帮你减少很多阻力。因为他们听到你的现场发言，会对你形成一定的认知，这会带来人际关系里信任的基础。

主动成为分享者，有两种做法。

(1) 在参加活动期间，当组织者和嘉宾分享结束之后，你要主动进行反馈，表达感谢及自己的收获。（详见 2.5）

(2) 在与组织者建立关系之后，可以申请在他们的场域分享自己的活动。（详见 2.6）

2.5 重视活动之后的感言环节

一般情况下，在活动现场加一些人或个别人的微信相对容易，但在彼此简单了解之后，你却发现很难有单独邀约、拜访、销售的机会。这是因为你们在社交环境中建立的关系是基于一定标准的，这个标准就是初次印象值，它取决于你是否有得体的表现、是否尊重他人并懂得感谢他人的付出。

那么，该如何做呢？

答案就是学会重视活动的感言环节。这是一个很好用的社交"武器"，它可以第一时间让现场参与活动的人认识你。

我们要解决个人存在的问题，把活动场域作为自己公开建立信任关系的关键基石，学会这些，将为你日后邀约及拜访做好铺垫。

重视反馈，可以让你成为受欢迎的人。而现实中存在以下 4 种情形，使得人们没有做到现场反馈，或者无法做好，这也是没有打通建立人脉链接及信任关系通道的主要原因。

这 4 种情形分别是：

- 不好意思表达；
- 不屑于表达；
- 表达偏离中心；
- 脱离反馈，抓紧一切时间做广告。

接下来，我来为你逐条分析这几种情形，并教你做好反馈的详细步骤。

1. "我不好意思表达，因为我口才不好。"

有些人在活动现场没有反馈的习惯，缘由是"自己口才不好，词汇匮乏，不知道说什么好，万一说不好被人笑话，还不如不说"。

问题： "我现场说不好怎么办？"

解析： 先不要担心，因为你在反馈时表达的大多是与活动主题相关的内容，所以并不难。在此我做个示范，以详细地向你说明。假设你参加了一次 M 女士组织的读书会，有主讲人带领大家读书。

第一步，在参加活动时，准备一个本子做记录，以在接下来的反馈时使用。

在听分享时，分别在本子上记录主讲人的名字、所分享图书的书名、作者的名字和观点。

小提醒：关于手写本还是笔记本电脑的选择

最好使用手写本做记录，原因有两个：一是手写可以加强记忆；二是微小型沙龙活动的空间较小，人与人之间座位较近，笔记本电脑打字声会影响他人的注意力，干扰现场老师的分享和其他人的聆听等。

回去之后，再根据需要按照手写本上的内容在笔记本电脑上整理思维导图即可。

第二步，记录作者书中某个段落的观点，再加上自己的思考。

小提醒：分享内容太长怎么办

若分享的图书内容太长，记不住，那么选取其中一个段落即可。

这里有两种做法供你参考。

基础做法：记录作者的观点 1、观点 2、观点 3，并结合自身的情况对这些观点进行思考，在纸上依次写下自己的想法。

进阶做法：如果你参加的读书活动比较多，那么你可以像下面这样做。

(1) 利用归纳法进行总结。比如，分享者讲述了很多观点，你可以对这些观点进行归纳总结，提取关键词，并在此基础上加以延伸，然后进行反馈即可。

(2) 接着记录其他反馈者的观点和启发，写出 3 条即可。你在做总结时，一方面，可以记录图书作者给你什么启发，这是你获得成长的一种方式。另一方面，还可以选取一两位反馈者的读后感中的观点做好记录，并强调对自己的启发。

为什么要同时记录其他反馈者的观点呢？

这是因为，重视其他反馈者的观点，并说出自己的相同感受，这是一种能够拉近距离的认同。这种认同会带给分享者愉悦感，也会促进你们之间信任关系的建立。

做到这一点，会让你的反馈产生学习、带给分享者愉悦、调动现场气氛、为他人提供了解你的途径、建立信任等多重效果。

即便如此，你可能还是认为活动感受的反馈存在一定的难度。

这里提供一个反馈的框架供你参考。

【示范】

"大家好，我是 ××，我的职业是 ××。"

小提醒：如何介绍职业

在介绍职业时，只介绍职业属性就可以。不要直接介绍自己售卖的产品，要以反馈内容为主。因为此时的目的是做反馈，通过反馈的内容让大家对你有个基础的印象，所以并不适合做产品相关的介绍。

"今天非常感谢主讲人 M 女士，给我们分享了 ×× 这本书。"

"在此之前，我没有读过作者 ××（作者名字）的书。今天 M 女士的讲解及观点延伸，让我有了很深的感悟，很感谢 M 女士的讲解。"（表示感谢。）

"我和大家分享我的几点收获，分别是：1.……；2.……；3.……。"（这个部分就是把你刚刚记录的作者的观点和你的思考做一个简要的总结。）

"最后再次感谢 M 女士组织的读书活动，能让我有机会和大家一起阅读思考，也谢谢在座各位伙伴的分享，很高兴认识你们。"（同样感谢现场的人。）

小提醒：在表达时使用尊称

如果对方是一位老师，切忌直呼其名，要加上尊称"老师"。

以上这些内容仅是一个基础框架，你可以根据自己的个人风格随意调整。另外，在表达时，完全可以照着你记录的内容读，不要担心自己的口才或表现是否丢人，这些并不重要。

因为你通过每次的表达不断练习，就会得到提高，另外，你在活动结束之后及时说出自己的学习收获，这也是对组织者的肯定，所以你的表达只要发自真心、态度认真，就足够了。

2."他们还没我讲得好呢，我不屑于表达。"

有些人在参加完活动之后觉得此次活动质量不高，就算主办方请他们就活动内容随便说几句，他们也不愿意。

问题："我不屑于说，又怎么样？"

这里的关键是：

(1) 若仅仅是自己性格的问题，那么别忘记初衷，你是为了搜寻想要认识的潜在客户。

(2) 若是觉得此次活动质量不高，解决办法是：

- 优化参加活动的时间；
- 选择参加其他活动；
- 与组织者结识并成为朋友，帮助把活动做好。

3. 表达偏离中心

这种情形介于以上两种情形之间。在进行活动反馈时，针对主讲人的内容，他们会提出与主讲人同行业但知名度更高的人说过的话作为反馈主旨，表达不合时宜。

案例 2-2　只字未提感谢的 E 先生

一家品牌营销公司的老板 Z 先生在他的公益沙龙活动里分享了自己多年的从业心得和经验，整整 4 个小时。当活动接近尾声时，大家畅所欲言，其中有位 E 先生说："我特别喜欢菲利普·科特勒公司里曹虎老师的一句话——当你没有你对手有钱的时候，你需要做的是比对手聪明。这句话给我的启发特别大。我会想到我们的客户在他们整个生活场景中的所做所为和所需，然后去匹配一些温暖、适时的话语，再用某些载体去承载，就会达到十分丰满的客户体验。当然，我给客户的定位和品牌箴言也是基于此来打造的。"

【解析】

这个反馈虽然属于行业内信息的交流，但是在此场景内，E 先生这段以曹虎老师对他的启发为主线，再加上自己的理解的反馈内容，就有些不合时宜。

这里的问题在于：

- 偏离主讲人的奉献，对其分享的信息、其用心之处，只字未提；
- 反馈中涉及的公司、人物等的品牌和行业地位都高于 Z 先生。

我们在表达时要注意以上两点，否则就会适得其反。当我们想要表达收获或认同时，或许可以尝试如下方式，在以上内容的基础上略微调整一下即可。

【示范】

"今天，Z 先生分享了 4 个小时的行业经验，这些优秀的落地经验，非常宝贵。"（总结时长和内容的珍贵性，这样的表达代表你看到了主办方的用心。）

"我作为行业中人，对这些观点深表认同，非常感谢 Z 先生毫无保留的细致分享。"（表示感谢。）

"今天通过 Z 先生的分享，我认为我们要想到客户在他们整个生活场景中的所需，从而去匹配一些温暖、适时的话语，再用某些载体去承载，这样就会达到十分丰满的客户体验。"（把自己想说的话和 Z 先生联系起来。）

"今天听完 Z 先生的分享，我再次增加了信心，我们要用心做好用户体验。"（简单概述 Z 先生传递的做事信念，即重视用户体验。）

"希望之后能有更多机会向 Z 先生请教，再次感谢您的分享。"（建立链接、真诚感谢。）

这段话调整之后，就对分享者表示了充分的尊重。这样的表达不会让 Z 先生感到自卑，而是让他感受到他也同样值得交往和尊敬。

4. 不重视做现场反馈，抓紧一切时间做广告

这是指在参加活动时，不做分享，也不反馈自己的感受，只做自己的产品的广告。

案例 2-3　抓紧做广告的 I 先生

　　在某官方读书沙龙活动上，要求每人发言 3 分钟做活动总结。其中有一位 I 先生，没有发表对沙龙活动的任何感受，而是利用有限的 3 分钟，迅速地报出了他的名字、销售的产品特点和好处、手机号码，最后说了一句，感兴趣的朋友可以找他。

【解析】

　　在社交活动中进行自我介绍时，主动植入自己的广告，并认为这是"自然的"。这种想法源于 I 先生头脑中的信念："我参加活动的目的就是要认识人，所以我要抓住一切机会进行展示，让他人熟知我的产品，我好赢得更多机会，要不然我就白来了。"

　　I 先生对自己的产品和事业是认可的，但由于资源匮乏又想要完成业绩，所以一旦有机会可以介绍自己，他就会失去控制。也就是说，他还没有掌握正确的销售方法。

　　在这个案例中，不管 I 先生的外在形象和专业度如何，在本该分享感受的环节介绍自己的产品，并快速地报出自己的电话号码，这种见缝插针的行为，不仅不会如其所愿达到让潜在客户主动找他的效果，还会让人害怕认识他。因为一旦认识他，就有可能受到不断的打扰。（"不断的打扰"是指，不管对方是否有购买需求，一味地进行推销动作。）

　　自我介绍要让他人更好地了解你是谁，而不仅仅是让他人知道你是销售什么的。人们只有先对我们产生兴趣和信任，才会进一步关注我们的产品，而不是仅知道我们卖什么产品，就会对我们格外关注。

　　每个人都有表达自己的渴望，我们渴望在谈话中告诉别人，什么对于自己是最重要的。一场有意义的谈话，能给我们创造这样的机会。

　　参加活动，结识人脉，并给予他人价值。维护好个人声誉，是建立人脉资源的必要条件。

　　你始终要保持一个基本心态，毫无保留地把你的价值交付给别人。你要积累的潜在客户，不是对你有价值的人，而是你对他们有价值的人。社会的人脉资源是建立在价值交换上的，你不能帮到别人，你就没有交换价值。建立广泛的人脉资源的关键，就是提高你对别人的价值。

2.6 在他人场域分享自己的价值

微小型沙龙活动由于举办得频繁，所以组织者并不太重视每次活动的人数。只要组织者有长线思维，一旦周期定好，就会按周期定期举办。但是，当沙龙活动人数不够稳定时，活动主题总是不变，也容易影响参加率。

而当你和组织者关系较好时，就可以与其合作。

首次合作基于以下四点：

第一，你不是他们的同行，不存在业务竞争关系；

第二，你有某个领域的系统知识、技能，符合他们的受众群体需求，分享的内容不与他们原有的内容冲突；

第三，你为他们建立人脉链接，邀请身边的人一起到他们的场域听你的分享；

第四，在分享时，如需销售某个产品，需要和主办方提前说明，不要临时擅自做主。

小提醒：最好不要在首次合作时销售产品

这是因为在个人影响力不够的时候，分享结束就立即展开销售效果并不是很好，以赋能为主是一个好的选择。有时主办方希望你销售产品，因为可以分润，但你要根据自己的影响力和建立信任的能力综合来定。

基于以上四点，在他人场域进行分享，可以通过自己的技能，带动他人的品牌人气提升，实现氛围共建的效果。

除了销售身份和销售的产品之外，如果你具备额外价值，能够为他人赋能，那么在日后的人际关系里，在你不谈销售时，就可以帮你建立关系，增加信任，助你赢得更多的机会。

具体做法：根据自身的专业价值总结相关内容，整理成约 40 分钟的课题进行分享。

你可能会担心："我并没有什么额外的专业价值可以为他人赋能，我担心分享得不好，那该怎么办呢？"

我为你准备了一套方法，教你如何制作课题内容，并保持良好的分享心态，以建立合作，助你完成专业价值的赋能动作。你可以按此方法，根据你的个人爱好进行课题的替换。

我先用大部分人比较适用的课题来做示范，例如"如何提升工作效率"。

下面来看具体做法。

(1) 搜索课题相关的素材。第一步，打开京东或当当等 App，在图书类别里搜索"提升工作效率"等关键词，你会找到很多相关图书。

第二步，把相关图书的书名拍照记录下来，购买纸质书或电子书阅读。

当然，你也可以去书店寻找相关图书。

(2) 在整理课题时，优先列出自己最想解决的问题。第三步，先把自己的工作效率问题在计算机或纸上逐条列出来，列举十条左右即可。

比如，如何改掉拖延的毛病？工作总被打断怎么办？像这样把问题逐条写出。

小提醒：整理课题用处多多

此部分的整理，也适用于后期你对课题的宣传，其他类型的素材也都可以灵活使用。

第四步，利用图书目录补充问题。（第四步适用于想不到太多此类问题的人，如果准备的相关问题已经很多，这条可跳过。）

当你把相关图书找到之后，可以按照希望提升效率的内容，先翻看图书目录和大体思想，再把书上能够补充你的问题的部分目录及内容复制出来。

(3) 找到解决问题的办法。 第五步，翻看图书目录和内容，找到能够解决你列举的相关效率问题的办法。

小提醒：找到感兴趣的点

不要图省事而直接全部复制粘贴书中的内容，要找出你感兴趣的关键点，以能够解决你当下的某个工作效率问题为主。

---

(4) 把自己的观点和书中的观点融合。 第六步，按照问题与解决问题的办法一一对应的方式，制作成 PPT。

这样你就不是单纯为了分享课题而做课题，这样的准备过程会带给你更多灵感。另外，别忘记自己去践行，这会让你在分享时更具感染力。当你完成以上内容后，你就完整地制作好了一个课题的内容，可以分享给别人了。

(5) 练习讲此课题的能力。 第七步，做好 PPT 之后，自己反复练习。

可以给自己录一个视频，或者分享给自己身边的朋友，让他们先来体验，并给出反馈建议，从而逐步优化内容和演讲效果。

小提醒：免去目的性

以上内容需要免去一定的目的性（如拓客等），这样你将会更有动力去完成。

---

(6) 保持良好的分享心态。 在分享课题时，不可抱有"我不是这个领域的专家，即使制作了 ×× 课题也没有用"这样的想法。

因为持续做专业价值的整理及输出，你会收获两个好处：一是个人得到成长，解决自己的问题；二是对他人有用。

通过持续这样丰富自己，在以后和潜在客户沟通时，你就会有更多有营养的话题。抱着这个心态，既能够对自己有好处，又能为他人赋能，创造价值，何乐而不为呢！

你要拥有长期主义心态。在你进行市场开发初期，拿出一部分时间多参加活动，创造销售之外的价值，与他人建立良好的关系。当潜在客户对你的产品产生需求时，你将更容易与他们建立信任，同时用自身的专业能力为他们提供专业服务。

(7) 完成课题之后建立合作。在完成课题之后，你有两件事可以做。

第一，在社交平台发布自己的课题，进行相关价值的输出，比如可以发布在小红书、公众号上，这会增加你的关注度。

第二，在朋友圈发布专业价值的反馈信息，比如你分享的课题所收获的好评截图。

小提醒：如何发好评截图

在发好评截图时，不要忘记使用马赛克对头像进行处理。同时，在使用马赛克时，不要将他人头像简单地涂抹成黑色，这样显得不够尊重。我们可以利用美图软件，使用卡通人物头像来做马赛克处理。

当你在微小型沙龙活动中认识了组织者之后，如果你按照上文所讲的内容，高频地参加他们的活动，那么自然就会与组织者熟悉了。在活动之余，他们也会自动地关注到你朋友圈里发布的信息。

如果在你们的日常聊天中，对方和你聊到"我看你'如何提升工作效率'那个课题做得挺好的呀"，你就可以顺势回应对方："因为时间太宝贵，我希望能高效工作，我就想能有什么更好的办法可以提升工作效率。于是我针对这个问题，阅读了很多书，再加上我自己的摸索，最终总结出了一套实战方法。因为许多朋友也想知道，我就给大家做了课题分享，没想到也帮助很多朋友提升了工作效率呢！"（该话术由介绍情境，提出诉求，展示解决问题的途径、个人积累的经验及课题分享的好评反馈构成，在沟通时不可省略。）

此时，因为你经常参加活动，组织者对你的人品已经比较了解，出于组织者身份的敏锐嗅觉，他们就会向你发出邀请，请你给他们的客户做一次分享。

(8) 要做免费分享。这类课题分享不要收费，尽量提供免费的专业价值输出，保持长期主义的心态，这会让你有更大的成就感。

2.7 中小型活动拓客方式

我们首先来看中小型活动的背景信息。

一般中小型活动的人数为 200 人左右，常见的拓客场景分成三类：

- 促成各种关系建立的平台活动，以社交关系为主；
- 关于品牌发展的品牌活动，有一定的社交功能，但是参加需要具备一定的"基础条件"；
- 个人成长类的学习平台活动，以我们个人成长方向为主，社交为辅，你参加的课程越贵，结识的人质量越高。

因为你在参加此种规模活动的时候，由于现场人数较多，对参加活动的人不熟悉，你将无法一次认识许多人，短时间内也做不到深度的链接和交集，所以考虑到活动规模、活动参加者彼此之间的陌生感、时间限制等因素，你在参加此规模的活动时，可以通过以下三个动作进行拓客：

第一，优先选择与平台运营者建立合作关系；

第二，优先选择现场有头衔的人结识；

第三，主动协助组织者完成某个活动。

那要如何完成这三个动作呢?

首先,关于在参加平台活动时该怎样实现以上三个动作,你会在 2.7.1 看到详细介绍。

其次,因为参加品牌活动需要一定的"基础条件",所以这部分我只进行简单介绍,侧重讲解参加品牌活动的"基础条件"和会实现的结果,以增强你的信心。

在中小型活动中,可以分别从个人层面和合作层面建立关系。

看到这里,你也许会想:"这感觉有点难啊! 我可能做不到。"先不要担心,因为如果你没有经常参加此规模的活动,感觉难是正常的。

这里,我为你准备了建立社交关系的**两个核心锦囊**、具体的方法和现实案例,这会帮助你更好地理解该如何去做,轻松突破心中的恐惧和障碍。

我们先打开**第一个核心锦囊**看一下,是一句话: **"我能帮助对方做点什么?"**

【解析】

无论你在什么场域认识的朋友,最终都要与他们建立关系。那么如何把关系建立得更好呢? 答案就是为他人创造价值。因此,如果你想找到更多的优质潜在客户,就要把这条法则牢记心中。

不要先想着"我要卖给他什么""我该怎么卖给他""他能不能给我最大利益"等。

你首先要想的是"我能帮助他做点什么"。当你抱着这样的心态时,你就会发现与他人建立关系这件事突然变得很简单。

因为这件事与你的个人价值、个人能力、个人专业水平没有特别大的关联,而这三者都需要时间进行储备。

当你拥有这个心态和视角的时候,你就会轻松自在许多。仅仅做些力所能及的事情,以利他之心考虑问题,他人就会自然而然地接收到你的善意,与你的关系更近。

但如果你满脑子想的都是"我要如何向他销售产品""我要如何挖他的痛点"，那么在这种能量的带动下，在你开发陌生市场时，个人的紧张感、胆怯和急于求成的表现，会让你与他人建立关系的难度变得非常大。

你能够为他人创造多少价值，决定了你们之间关系的深度。

以上是建立个人层面关系的核心锦囊，下面我们来看建立合作层面关系的核心锦囊。

打开**第二个核心锦囊**，这里的话是：**"我的价值点有哪些？"**

【解析】

如果对方是商家或组织等，你就可以对"我的价值点有哪些？"进行思考和总结，匹配商家需求或者为商家赋能，这是共创价值和实现共赢的根基。

平台规模越大，你想要链接的人群质量越高，相应地，你的个人价值点就要越高。你的实力越强，你就越有勇气和你想要结识的人平等交流，并建立友谊。

一旦你们的关系建立起来，他们自身的影响力就会自然帮你做背书，他们原有的客户也会变成你的潜在客户，这会帮助你节省许多时间成本。

因此，在价值点的基础上，想要什么质量的客户，你是可以拥有选择权的。

那么具体要怎样做呢？我们来看如何参加平台活动。

2.7.1 参加平台活动

在学习具体的方法之前，我先带你了解如何考察平台，这有助于你积累优质的人际关系及潜在客户。

具体来说，就是在建立合作关系之前，先去看这个平台的口碑如何，要同时关注平台近期的评价和平台里的人长期的价值观导向。

为什么呢？

原因是，组织的口碑大于个人。如果不事先对平台进行考察，就算你和该平台顺利合作，一旦该平台对外口碑不够好，就会间接影响到你。

因为你在这个平台的圈子里会认识一些人，如果该平台的价值观导向有问题，那么当你在其他平台或社交关系里提到和该平台的某个人关系非常好的时候，对方就会把你们拉到一个水平线上，所以在参加此类活动时，你要留意这一点，优先选择与口碑好的平台进行合作。

那要侧重考察哪些方面呢？

一看全程活动体验；
二看该活动的受众群体质量；
三看活动之余的小范围活动的沟通内容和水平。

你在参加某个平台活动时，要以自己的即时感受为参考。如果感受良好，那就是平台在做活动时很用心考虑用户体验，注重品牌经营，其背后也会有优秀的团队组织做支撑。这样你在结识该平台的人之后，大家会彼此做背书，会让你更容易被信任并突破圈层。

从活动的受众群体来看，如果活动的受众群体"良莠不齐"，那么你在这里认识的人大部分"质量"也会一般。他们往往也不太重视在此平台结识的人脉关系，会偏向以个人利益为导向。

因此，你在选择平台活动时，不要认为某个平台门槛低、好加入，就与之合作或加入他们的圈子。当你抱着"多认识一些人也无所谓"的心理加入后，你就会发现，你在这个平台上认识的人，他们会更加迫不及待地卖给你产品或者希望你加入他们的某个团队，好让他们获得更多利益。

当你了解以上内容之后，就会在参加活动时做出更好的选择。因为在百人规模的活动之后，平台还会组织小范围的活动，这时该平台的创始人和团队的价值观会决定该小范围活动能吸引什么群体加入，所以对平台的考察是很有必要的。

在学完以上内容之后，当你认为平台符合基本要求时，你就可以和主办方建立合作关系。以下是建立合作关系的具体方式。

1. 找到自己与平台匹配的价值点

如何建立合作关系？在参加此类活动时，主动去结识他们，并说出合作诉求即可。

为什么看起来这么简单？

这是因为，如果平台经常举办活动，那么当你有能够匹配其品牌调性、满足其客户相应需求的资源、价值或产品时，你们很容易就能链接成功。你只需要找到自己的价值点，去共创影响力即可。

因此，平日多积累自己的储备，在关键时刻，以你所具备的销售产品之外的个人价值作为纽带就可以。

但如果你担心："我并没有太多的价值和资源能够匹配他们的平台，那该怎么办呢？"

这也没关系，你可以积极辅助平台发展，担任平台的公益秘书长等职，贡献智慧和力量，就可以实现关系层面的深度互动和链接。

最后，如果产品匹配，不要直接销售给他们，你可以与其商演模式的项目进行合作链接，和平台组织者直接说出你的想法。

> **小提醒：平台没有商演模式的项目怎么办**
>
> 如果该平台有商演模式的项目，你可以直接找平台负责人对接，这不会有太多的合作障碍。如果该平台没有商演模式的项目，但你观察到该平台也会代理某个产品，你就可以主动去询问，或找个机会单独和负责人面谈，看自己是否有合作的机会。问对方具体的合作模式是怎样的，以便进行接下来的商谈对接。

2. 主动认识平台方组织者

参加一个平台的活动，你要主动认识该平台方组织者，做好个人介绍，让对方了解你。当对方知道你是做什么的之后，他们会自动进行评估。

因为一个平台经常做活动，他们清楚想要什么样的人加入自己的平台。这时，根据你的个人实际情况，他们会邀请你参加他们的某些活动，甚至以你为主做某个活动，助你认识更多人。

在这里，根据平台的不同，你需要做的事情也不同：

- 发挥社会价值，这属于公益层面，需要你奉献个人时间；
- 你需要支付会费，这种平台活动对你的社会地位和身份也有一定的要求；
- 发挥个人价值，你需要具备专业价值和个人能力。

实际情况根据你所参加的平台的风格会略有不同。

案例 2-4　个人价值创造合作的故事

我原来在做形象设计公司的时候，认识了一位在本地非常有影响力的人，他有一个企业家人脉的优质平台，人数约为 2000 人。他们除了举办规模为 200 人左右的活动，平时也会经常举办小范围的企业家活动和晚宴等。

在我们结识之后，他常邀请我参加他们平台组织的活动。

熟悉以后，有一次他们要在沈阳成立辽宁省文化礼仪协会，于是就邀请我做协会的秘书长。我在形象设计领域的专业知识和能力，使我成为该协会的核心成员。

后续多次共事之后，我们又相继合作了许多活动。他们也会以我的专业领域为主题，做相关领域的知识分享，或者邀请许多商业人士一起参加晚宴，让我们彼此相识。这都助我建立了许多人脉链接，推动了我的品牌发展。

这是一个以个人专业领域的价值实现与平台合作的案例，当你看到个人价值的呈现环环相扣地体现在转介绍上时，你就能体会到这种与平台合作的乐趣，以及实实在在的收益。

3. 主动申请帮助平台做点什么

如果你没有很强的社会身份，是不是没有可能建立合作关系呢？并不会，你可以通过申请成为平台的志愿者，来创造新的合作机会。

那要怎样做呢？请先看下面这个案例。

案例 2-5　主动申请做志愿者的故事

有一次，我看到某 App 学习平台在不同城市面向深度用户招募志愿者，要做年度线下活动，于是我主动加了组织者的微信（官方平台公开有组织者的微信号），并申请成为志愿者，协助活动的组织与举办。在这次活动里，我与许多爱学习的人度过了一段美好的时光，也认识了一些好朋友、合作伙伴及客户。

【解析】

(1) **申请成为志愿者。** 你在参加某个活动的时候，可以关注相应平台是否需要志愿者。平台一般有两种招募方式，分别是公开招募或内部招募。但无论平台是否公开招募，你都可以主动询问，然后申请加入，成为志愿者。

(2) **成为志愿者，要有付出心态。** 不要想着要多认识人才去做志愿者，如果你不是为了学习，或者不想有所付出，而只是在各个场合不断加微信，那是没有太大意义的。你优先要考虑的是，你能为他人做些什么，所以你要有付出心态。

无论我们的社会身份是什么，只要你成为志愿者，你就要热情、用心。当你做好该做的事，自然就会有人愿意和你成为朋友，你也会得到建立合作关系或者增加潜在客户的机会。

(3) 申请成为志愿者时注意沟通方式。 在这个案例中，我和对方说：

"××，您好啊。"（打招呼。）

"我在 ×× 平台上看到您是咱们城市的活动组织者，太棒啦。"（说明与对方建立链接的理由。）

"我也是这个平台的深度用户，曾参加过一些活动。这次您在沈阳举办公益活动，我希望能奉献一些力量，我能不能和您申请做志愿者呢？"（先介绍你们是同类人，可以增强信赖感，然后以尊敬、客气的语言表达你的诉求。）

对方非常高兴地回应说："太好了，我正需要呢！"并给了我一份志愿者申请表，让我把信息填写一下。于是我快速填写完毕并发给了他。（即时反馈信息，会给对方留下做事效率高、值得信任的印象。）

然后，我又单独发微信告诉对方："非常希望有机会成为志愿者，我曾经自己创业 6 年，做过上千场线下主题活动，有非常丰富的活动经验，所以有需要的话不用客气，第一时间告诉我就行。"

小提醒：为什么要再单独发微信补充

因为这关乎你的工作态度。常见的工作态度有三种。

- "我一旦决定要做某事，就必须要做成。"
- "我想做某事，所以我试一下，如果他人需要我，我就参与，如果不需要就算了，我再等待或者寻找其他机会。"
- "我才不要做什么志愿者，和我没关系，我只要参加活动就好了。"

第一种态度会让你拥有更多机会，所以请尝试着努力争取。

在这个案例中，填志愿者申请表只是一个流程而已，所以我要说明"志愿者为什么一定是我"，于是我又单独发微信补充了自己的背景信息。

发送的内容要简单，又要有力度地告知对方自己在组织活动方面的实力。同时为了不给对方压力，告诉对方可以拿自己当"小兵"使用，以免对方觉得他的身份地位和价值不如你而"不敢"用你。

也就是说，既要让对方在第一时间知道你的价值，也不能因为自己身份地位太高等因素而让对方感到你有很强的优越感，从而选择其他人。

(4) 成为志愿者后需要注意三点。

第一点，重视"第一时间"的关键作用。比如，官方公益活动的组织者在当地做活动，一定需要支持，而你在第一时间就和对方说愿意做志愿者，这是一个非常好的时机。

如果在稍后几天或临近活动开始的时候才去申请，即使平台还需要志愿者，在这两个不同的时间点，对方的感受也将截然不同。

因此，尽可能在第一时间加入，但如果你在临近活动开始的时候才获知信息，那么就需要在其他层面上多付出一些。

第二点，不要阻碍活动的进展。不要认为你的身份是志愿者，所以在需要你做一些其他支持工作时就借故推诿或挑三拣四，甚至与相关活动组织者产生矛盾等，这些都会与你的初衷背道而驰。

第三点，拿出特定的时间交流活动细节。当你做志愿者的时候，你也同时进行着自己的本职工作，所以这就涉及你的时间规划，你既要做好志愿者，又要把自己的事情做好。

在特定的时间交流很关键，你需要提前把活动的相关内容做一个清单，安排一个特定的时间，来交流活动的执行方案等，这会提高彼此的工作效率。

(5) 如何以志愿者身份结识参加活动的人。

第一步，成为志愿者。在本案例中，因为我的态度真诚且热情，所以对方很感谢，问了我一些关于这次线下活动的想法，并非常高兴地对我说："感谢你愿意拿出时间为此活动助力。"

当时共招募了 20 名志愿者，其中我的身份是活动策划。

第二步，以该身份做相应贡献。当时，在线下活动开始之前，需要提前在线上的群内做预热，让大家先彼此熟悉，于是我们就策划了让大家在群内快速认识彼此的小活动。

第三步，做好自我介绍。在线上活动正式开始的时候，在自我介绍环节，组织者特意把我安排在前几位出场。（这是成为内部人的核心优势。）

我当时简单介绍了自己的职业、爱好和平日里喜欢读的书等。

如何做好自我介绍呢？

在做自我介绍时，可以根据自己的风格**设定 3 个标签**，然后分别写出几句话来诠释各个标签，或者列一些自己过去达成的优秀数据。

【示范】

从我个人的学习经历来说，我可以一年读书千余本，所以"一年读书千余本"这句话就可以作为一个标签；

从我个人的创业经历来说，有成功的跨界转型经历，从形象设计跨界转型做销售咨询，所以"跨界转型的创业者"也是一个标签；

从我个人的兴趣爱好来说，我的其中一项爱好是研究餐桌布置，所以可以设定一个"美学餐桌布置"之类的标签。

你可以根据自己的特点、爱好和职业等，整理出 3 个自己想讲的标签，讲述 3 个小故事。文字在 300 字以内，表达时间控制在 3 分钟以内就可以。

按照这样的方式，你在做自我介绍时，就会自动吸引他人的注意，这将有助于你们进一步建立关系。

回到刚刚的案例，当时我在群里发完文字版本的自我介绍后，群里就沸腾了，大家纷纷问我是怎么做到一年读这么多本书的、转型换赛道需要做什么准备等。

利用好自我介绍，可以让他人在短时间内了解你，快速赢得信任。在众人之中，给他人留下好的印象，让他人想要进一步了解你，你会结识更多的人，获得很多好朋友。

在本案例中，我非常及时且认真地给群内的人做解答，每段文字都在 1500 字左右，大家表示看完很受益。（这是当时我设置的群内互动活动。）

后来，到了线下活动那天，有一个环节是送一本书给你想送的人。我当时意外收到了现场许多伙伴送的书，还有一部分是珍藏版，非常荣幸！

【总结】

你在做志愿者时，可以利用个人的优势为他人赋能。如果没有特别多的优势，也别担心，哪怕仅仅是体力上的付出，只要出发点是好的，也能够申请成为平台志愿者。

4. 选择现场有头衔的人结识

如果你目前没有合作的基础条件，那么在参加活动时，该怎样做呢？

选择现场有头衔的人结识是一个好办法。具体做法如下。

第一步，留意现场发言的嘉宾。你在参加此类活动时，会发现活动现场展示物料有对发言嘉宾的介绍，你可以留意一下这些人分别是谁，在他们上台发言之后，去与他们结识。

发言嘉宾一般都是活动组织者请来的比较有影响力的朋友，或者对组织者比较重要的人。一般情况下，他们也会留下联系方式，关于怎样和他们认识，我会在 2.8.3 重点讲解。

第二步，重要的人做好备注。如果对方的身份是 CEO、创始人或市场总监等，那么你在加完对方微信后，要在微信上备注好他的信息，以及你们认识的场景，做好备忘录。

小提醒：做好微信备注的具体方法

(1) 给好友添加标签。微信个人名片里有"设置备注和标签"功能，使用该功能，给在相同平台认识的人添加相同的标签。

(2) 在"描述"栏中添加备忘内容。在你的手机上找到备忘录，把对方的名片信息和你文字描述的场景信息放在一页备忘录上，截图保存。之后把截图添加到微信"设置备注和标签"功能里的"描述"栏中，这会非常方便你之后调取信息。

如果记录的信息比较少，可以直接添加在微信的"描述"栏中。

第三步，单独拜访。在认识之后，你需要再找时间单独去拜访。（具体如何邀约和拜访会在第 4 章讲解，本章重点讲如何认识潜在客户。）

最后我来讲一下参加品牌活动时的注意事项，因为参加品牌活动需要一定的基础条件，所以我简要讲解。

2.7.2 参加品牌活动

一般在参加某个品牌活动时，你都会提前收到邀请函。为什么会收到邀请函？因为你属于他们服务的客户，或者你们是一个圈层的好朋友。

案例 2-6 客户背书转介绍的故事

7 年前，我在经营形象设计公司的时候，由于我的品牌在沈阳形象设计领域有一定的影响力，人气很高，所以会自动吸引很多知名品牌与我合作。

一些知名品牌和平台经常给我发邀请函，邀请我做他们的活动嘉宾，比如新品发布会、时装秀、媒体活动、明星见面会、品牌开业活动、品牌年终答谢晚宴及品位提升主题活动等。

因为这些活动，在社交圈里我们经常互动，所以每次参加活动时，品牌负责人都会亲自热情地招待我，他们会在现场第一时间给我介绍他们的好朋友认识，给我做强力的信任背书。

他们的好朋友也是各行业的优秀人士，通过这样一次次的结识、相处、彼此欣赏和赋能的过程，人脉圈越来越优质。同样，反过来说，我的品牌越有名气，我的客户质量也会更好，客户质量越好，就会越吸引各品牌方与我合作。

通过以上内容，你就能知道深耕自己的重要性。

(1) 持续深耕个人品牌。 持续深耕自己的个人品牌，提升个人价值。

(2) 持续做好用户体验。 如果你有公司，就经营好公司的品牌，始终如一地做好用户体验。

这两种方式都会不断扩大你的影响力，让客户主动来找你。

2.8　中大型活动拓客方式

在学习如何在中大型活动里找到客户之前，我们首先需要明确一个思路，这会减轻你在此场景下的拓客压力。意识到这一点，你就不会为了拓客而拓客，而是让一切自然发生。

不断增加客户的秘诀在于：保持终身学习的态度；意识到在不同场域认识的人都有可能成为你的潜在客户。

为什么要保持终身学习的态度？

因为无论我们目前从事的是什么行业的销售，都离不开个人的终身成长，所以这就需要你不断学习、不断开阔视野，从而不断提升个人价值。销售只是一个身份标签而已，你个人的职业发展和财富积累最终都取决于你的个人价值。通过个人价值的提升，在机会面前你将能够做出判断，也能够赢取更多机会。因此，就算纯粹为了让你的生活拥有更多选择，你也需要不断学习。

不断学习是为了你有更好的生活，这是你职业发展中非常重要的一部分。可以说，学习应该贯穿我们生命的每一天，所以你不要想着"为了拓客我还要去一线城市，门票、机票和酒店都要花钱，还不一定能认识人"，为自己设置种种限制条件。我们要态度明确，分清主次。

学习是主要部分，次要部分是我们在这个高能量场域认识我们想要认识的人。至于如何认识，就只是方法问题了。在学习方法之前，态度更加重要。当你有这样的思维转变，行动起来就会容易许多。

同时，在自我输入的方式中还会增加一条路径，认识优秀的人其实也是一种输入，因为我们会有机会和他们深度交流或向他们请教。带着这样的意识，打开自己的人脉圈。我们在任何场域认识的人，都不仅能成为我们的朋友，也能成为我们的潜在客户。

那么，我们该如何参加中大型活动并拓客呢？

参加此类活动，除了学习之外，为了有效结识客户，需要注意以下 6 个要点：

- 了解活动背景信息；
- 关注活动举办信息；
- 明确参加活动的审核过程；
- 参加活动的两个心态；
- 结识活动组织者；
- 认识嘉宾。

首先来看一下前 3 个要点，这也是参加活动之前的准备工作。

1. 了解活动背景信息

中大型活动的规模一般在千人左右，为各类主题发布会、论坛、学习峰会、行业信息峰会等，活动现场一般由以下 4 种人组成：

(1) 主办方及团队；

(2) 联合合作伙伴、活动赞助方、广告商；

(3) 分享嘉宾；

(4) 来宾。

2. 关注活动举办信息

这类活动的举办信息通常会发布在各行业的官方或"大 V"公众号、行业杂志的内页、"活动行"等 App 软件，以及各知识平台 App 的某个老师的专栏课内页里，部分活动会在其平台的首页进行展示。

3. 明确参加活动的审核过程

此类活动有的需要审核参加者的个人信息，有的无须审核。审核个人信息一般是看你的资质是否符合他们对受众群体的要求。

如果平台需要审核信息，你需要等待一段时间后才能收到是否通过的短信通知。但一般千人规模的活动，审核资质的情况较少，你可以直接在活动链接上报名。

下面，我来详细讲解一下后 3 个要点，助你在中大型活动中认识更多潜在客户。

4. 参加活动的两个心态

第一个心态与时间和金钱成本相关。

考虑到品牌影响力等因素，中大型活动在一线城市举办的情况居多。这时，如果我们不在一线城市，就会考虑时间和金钱等成本问题。在这种情况下，建议你重点考虑这个活动对你的职业发展是否有价值，如果有的话，最好去现场学习。因为现场学习不仅能让你更专注，还会增加你的能量值，同时你也能结识你想认识的人。

案例 2-7 去现场参加活动的故事

2020 年 12 月底，我在深圳做销售线下大课和一对一销售咨询，一共近 40 天的时间没有休息。就在我马上要飞往杭州去做一次线下大课时，我看到有一场"视频号"千人会议将在厦门举办。

此"视频号"会议的日期，就定在我结束杭州线下大课的第二天下午。于是，我立即购买了当天早上 7 点的机票，届时去现场参与。

由于在此之前我一直在讲课，体能上消耗很大，我的朋友考虑到第二天一大早又要飞往厦门非常辛苦，出于关心和我说："你不要去现场了，这个会议不是有直播吗？而且内容也没有那么重要，你完全可以通过直播去看，这样你也能学到东西呀！一连工作这么多天，还是好好休息吧。"虽然有直播可以看，但是我更想去现场听。

于是，第二天，我就飞往了现场。

这个案例的重点是，在你不具备时间或金钱条件，或者活动对于你来讲没有那么重要的时候，你还要不要去现场参加。

首先你要明确，活动对于你的意义是什么呢？这个意义建立在对信息的捕捉和对机遇的把握上。

什么是对信息的捕捉和对机遇的把握呢？对信息的捕捉是指获取信息。

一场千人大会，如果你参加此会议并不是为了学习和深入了解行业信息，或者自己的时间不允许，那么从信息获取层面来说，就可以通过直播的形式参与。

对机遇的把握是指在现场获取能量，以及只有在现场才能获得的信息。例如以下几种情况。

- **提问互动。** 现场会有相关的提问环节，我们可以通过这个环节进行提问互动，深度了解信息。

- **活动现场信息。** 在参加活动时你会进入现场群，这里有来自全国各地的视频号运营者，你可以获得来自一线的信息。
- **现场感受能量。** 这个能量是指举办活动的品牌的声势、架构等。

例如，举办方会请一些重要嘉宾，你会在第一时间感受到嘉宾及其背后品牌的能量，这会激发你的斗志。

为什么呢？因为在现场的场域中，你能够感受到品牌成长背后故事的能量律动，给自身赋能。听到他人品牌背后的成长故事，会激发个人的成长势能。

而这种效果在直播屏幕的背后是比较弱的。（因为如果你没有去现场，受你自己的时间安排及个人专注力等因素的影响，你很可能无法在线上专注地听完半天或一天的分享，所以这会让你错失现场的关键信息。）

嘉宾的能量是指嘉宾分享的观点、其在行业内的名气等具有一定的价值。特别是他们的年龄也许和我们不相上下，看到他们神采飞扬地站在台上，会引发现场的你的思考，比如：

"他的成长经历是怎样的？"

"我是否可以成为像他们一样的人？"

"我要怎样去努力实现自己的梦想？"

- **在现场互动结识人脉。** 活动现场会有互动环节，这会让你有机会进一步对自己想要了解的问题进行提问，也会有更多机会认识现场的人。

以上这几点，就是去现场参加活动的好处。

我想去现场，但我没钱怎么办？

如果不具备经济条件，你可以考虑买特价机票、购买最低价票、入住快捷酒店。其实你参加此类活动的机会一年也不过一两次，所以你可以把你的收入提前留出来一部分用于参加活动，这也是你为了自己的职业规划而投资在学习上的费用。

第二个心态与拓客压力相关。

中大型活动在一线城市举办的情况居多，同时一般会选择在比较高级的酒店举办。一般来讲，你参加此类活动的目的都是学习或了解某个信息，而当你的目的很明确的时候，意味着他人参加此类活动也是同样的心态。再加上此类活动的地点、规模和品牌等带来的声势，这些因素可能会给你带来不同程度的拓客顾虑和压力。

那该怎样解决呢？

首先，不管怎样，有顾虑和压力都是正常的。当你认为这是正常情况的时候，就会减轻一部分的压力；其次，当你端正前面所讲的参加活动的第一个心态的时候，也能减轻一点压力。

单从拓客的层面来说，我有一个解决思路，那就是不要把参加此类活动等同于传统的拓客方式，告诉自己只要去认识组织者看是否能够促成合作、认识嘉宾、认识联合合作伙伴、认识现场群内优秀的人即可。

接下来我会为你具体讲解如何去认识这些人。

5. 结识活动组织者

怎样认识活动组织者？

你可以在活动开始的时候关注本地公众号的报名信息，那里会留有电话和微信等联系方式。你可以由此认识组织者，有以下两种情况可供参考。

第一种情况，在你报名之后，如果你在你的领域中比较优秀，你可以申请成为他们下次活动的嘉宾。

第二种情况，学习类活动平台一般都会关注该领域的达人、专家等，所以你可以根据个人势能申请成为该领域的讲师。

以上两种情况会让你能够以合作的视角认识他们。

案例 2-8　认识组织者的故事

有一次，在好朋友的邀请下，我参加了本地某知名学习平台举办的千人峰会。由于该活动组织者和我的朋友关系很好，于是他们建了一个小群，送一些门票给大家。这个群只有 30 多人，由于被邀请的人都很感谢组织者，所以就发红包感谢，群里的人气很高。在这个过程中，我主动认识了组织者，并在峰会结束之后与他建立了合作关系。同一时期，我也认识了活动里的重要嘉宾，并与他们产生了合作。

【解析】

你在参加类似活动的时候，可以直接找到组织者和他们进行合作。不过，这需要你的专业技能做支撑。

比如，你有摄影、花艺、心理、英语、瑜伽、绘画或财商等某个领域的专业技能，这时你就可以考虑借助该平台输出课程，作为课程主讲老师与他们谈合作。

不要担心自己没有机会，或者还没有将个人技能打磨成课程的习惯，你的获客渠道有多种，重点在于你是否拥有意识和勇气。

与拥有意识和勇气相比，找到方法是相对简单的。

其次，你可以利用个人优势为建立合作关系铺路。

假如你是做视觉绘画方面的，那么你是否可以为他们提供会议现场的视觉绘画？假如你是做摄影的，那么你是否可以为主办方提供照片直播？

你完全可以以赞助的方式和主办方建立合作，这样就有机会在会议现场展示你的专业能力，增加个人品牌知名度。

> **小提醒：关于人数的问题**
>
> 如果主办方接受了你的赞助，你又担心自己一个人支撑不了整个会场怎么办？这时你可以与你的同事组建一个小团队，来共同完成。

6. 认识嘉宾

我们分现场嘉宾在分享结束后留有联系方式和不留联系方式这两种情况来看。

- **现场嘉宾留有微信号。** 有的现场嘉宾喜欢让他人关注自己，扩大其影响力，他们会在分享结束之后，在大屏幕上直接给出自己的微信号、视频号和公众号等信息，鼓励参会者关注他们。
- **现场嘉宾不留联系方式。** 若嘉宾知名度较高，你可以在他们分享的过程中，上网查询信息，找到他们的联系方式，比如通过社交媒体，然后在后台联系他们即可。

说到这里你可能会问："他们资质太高了，我就算找到联系方式，该怎么和他们说呢？"接下来我会为你提供四个具体的操作步骤，方便你实现与他们的对话。

第一步，选择嘉宾；

第二步，申请成为微信好友；

第三步，第一时间向嘉宾说谢谢；

第四步，当天晚些时候发出拜访请求。

(1) 选择嘉宾。

首先，关注分享嘉宾公开的联系方式。例如，在一次活动中，某知名软件品牌区域负责人作为分享嘉宾，很认真且卖力地分享了他们在会议主题方向的成果，而且告知了很多可操作的细节。在他的分享结束之后，我通过对方展示在屏幕上的微信二维码，加上了对方的微信。

其次，有选择性地添加微信。这里需要注意的是，并不是所有人你都要去认识或留联系方式。

这是因为，你参加活动的主要目的是学习。如果对方分享的是你所从事的领域中的内容，可以助推你发展，你想要与其合作或者请教，就可以联系对方。

另外，你要选择分享的观点有价值、实用，且语言表达精准，自身有所成就的现场嘉宾，而不是名气很大但分享内容寡淡的"保守型"的人。

为什么呢？

一般情况下，无论对方有多大成就，作为分享嘉宾，他就是对某个话题、某个领域进行分享的人。如果他分享得一般，或者不舍得分享，那么在你们认识后的交往过程中，或者在你向他请教时，也会因为其性格的原因，让你得不到太大的价值。

我们要知道，越是把分享做得精彩（具有实用价值）的人，客观来讲就越是愿意分享的人。他们热衷于分享自己的观点，并拥有豁达且乐于付出的人格特质。真正有所成就，且分享做得特别好的人，才是你最好的选择。

因此，无论你是想要合作还是请教，都要先学会选择这个类型的人。

(2) 申请成为微信好友。

申请成为微信好友时要留具体的信息。

你在扫码加微信时，要在"发送添加朋友申请"处添加具体信息，例如"您好，今天受益匪浅"等。

添加具体信息，有助于让对方通过验证。

小提醒：如果对方不通过验证怎么办

你可以发三次申请，每次申请时添加不同的信息。不要连着发七八次，却没有任何招呼。

---

(3) 第一时间向嘉宾说谢谢。

在嘉宾分享结束之后，当他通过你的微信时，你可以发过去一段话。

例如："您好，×× 老师，谢谢您的精彩分享，您分享的内容让我很受益，辛苦了。"

为什么要在第一时间向嘉宾说谢谢？

因为这会让你获得"来自比例上的优势"。在嘉宾分享结束之后，你在他通过微信申请时发送表示感谢的信息，在所有听他分享的参会者中，像你这样做的人会占据一定的比例。

例如现场有 1000 个人，根据嘉宾分享的内容、嘉宾本人的受欢迎程度，假设现场加微信的人占 40% 左右，而在这 40% 左右的人中，说谢谢的人仅占 15% 左右。此处无关嘉宾分享内容的好坏，根据每个人的不同考虑，会有几种情况：

- 认为给对方发微信是打扰对方；
- 没有向他人表达感谢的习惯（认为自己是座上宾，自己已经付费了，所以无须表达感谢）；
- 自认为比分享嘉宾更厉害，对嘉宾不以为然。

当你了解这些背景信息之后，你就会知道若你能够在第一时间感谢对方的分享，就会给对方留下好的印象，提高你的印象值，也会引起对方对你的注意。这是因为，除了你占据了上文所说的"来自比例上的优势"之外，不管此嘉宾曾做过多少次分享，在一次主题分享结束之后，对于向他表示欣赏、感谢，并认同其价值的人，他都会有好感。

因此，我们在第一时间发信息表示感谢，一般都会得到他们的回应，比如一个笑脸的表情，或者"谢谢"。但不管对方是否回应，都没有关系，因为你只要有所收获，那么和对方说一声感谢并不会损失什么。

(4) 在嘉宾分享结束时或当天傍晚提出拜访请求。

什么情况下在嘉宾分享结束时立即提出拜访请求？什么情况下在当天傍晚提出拜访请求？这有什么区别吗？

第一种情形：立即提出拜访请求。前提是你要付费咨询或向对方提出价值更大的合作，这种情况下可以直接提出拜访请求。

另外，如果你是从其他城市过来参加活动，分享嘉宾也是从其他城市被邀请过来的，那么你也可以在他分享结束后，第一时间表示感谢，然后直接提出拜访请求。

【示范】

　　"×× 老师，您好，您今天分享的 ×× 观点对我很有价值。"（列举出具体的观点。）

　　"这些观点对我目前的职业规划有很大的帮助，我想单独请教您一些相关问题，请问您在这个城市待多久？因为我是从其他城市来这里的，后天一早的飞机回去，不知道您什么时间方便？

　　"另外，请问您的咨询费的价位是怎样的？我想单独约您一个小时，为了您的时间安排，我可以去您酒店附近找您。"

这样一般就会得到对方的回复，他们会在微信里问你想请教什么问题，你做好问题清单即可。

对方看完你的问题清单就会告诉你具体的价格及时间，这样你就能够约到对方。

第二种情形：在当天晚些时候提出拜访请求。前提是你拜访对方的主要目的是和对方合作，或者探讨行业经验，并不是真正要咨询。另外，如果你参加的是同城活动，嘉宾也是同一个城市的，你就可以在当天晚些时候提出拜访请求，不过要错开晚餐时间。（注意，这次见面一定要准备见面礼，同时要询问咨询价格。）在这种情形下，要注意以下几点。

第一，在活动结束时，如果你的诉求并不是要咨询，对方回复你的动力就较弱。这是因为，在一次分享结束之后，嘉宾会受到主办方的招待，或者他们要好好休息。而此时也会有一些人加他们微信，信息量会比较大，容易分散其注意力。如果你此时提出拜访请求，你的信息就可能被淹没在主办方和他人的信息中。当你并不是要直接咨询，或者没有给对方提供较大价值，对方回复你的动力就较弱。

第二，控制立即邀约的欲望。就算原本对方可以接受你的拜访请求，但如果你在一次分享结束后就立即提出拜访，因为对方不认识你，也不了解你，所以你有可能得不到对方的回复。

控制自己立即邀约的欲望，把提出拜访请求的时间延后一点，放在当天傍晚比较合适。

第三，晚些时候提出拜访请求，更容易得到回应。因为晚些时候对方的时间相对比较充裕，此时提出拜访请求，对方有时间通过你的语言、你朋友圈的内容，对你有进一步的了解。

这里，你朋友圈呈现的内容如何就比较关键，因为此时你的朋友圈可以说是对方了解你的唯一途径。如果他的时间合适，而且对你的印象也不错，你就容易得到拜访的机会。

【示范：用微信发邀约文字】

第一条："您好，今天听了您的分享，非常受益，本想在分享结束时就和您约时间拜访您，但是考虑到您刚刚分享结束，需要好好休息一下，就没打扰您。"

第二条："为了方便您认识我，我简单地介绍一下我自己。我叫××，在这个行业工作了××年。今天听了您分享，对您的观点深表认同，看到我们在同一个城市，请问您什么时间方便？我想进一步请教您在大会上分享的内容，以及关于接下来具体方案执行的内容。我想请教您两个小时，请问您的咨询费是怎样的？同时，我也想见面和您聊聊，看是否能和您有合作的机会。"

> **小提醒：约多长时间合适**
>
> 因为涉及请教和谈合作两个部分，所以按照两个小时来约比较合适。

最后，我们要养成付费的习惯。不要因为对方告诉你收费标准了，你就觉得自己被怠慢了。

这是因为，如果对方愿意拿出时间，凭借他们在领域内的积累，为我们解决问题，而我们又可以仅支付一小部分费用就在短时间内得到问题的答案，这是一件非常值得的事情，会让我们节省很多摸索的时间。

但有人可能会认为："我的目的不是解决我的问题，那只是谦辞，我的目的是拓客或者合作啊。"

如果对方的分享对我们的个人成长或绩效增长无任何价值，我们不是真的欣赏对方，只想获取他们背后的人脉，或想和他们进行利益分成，那么这种想法就相当于让他们给我们做"免费的业务员"。一旦有此想法，就算你拜访成功，在话里话外也会透露着怠慢（轻视、占便宜）对方的感觉，不会带来合作的可能。

真正的合作是建立在你们彼此信任、欣赏或满足对方某个需求的基础之上的。

拜访中的合作契机，也许就藏在你请教的过程里。对方透过你的问题，会看到你目前的基础和实力等，如果你充满热情，工作敬业，也许他们会主动提出相应的合作需求。

因此，这是给自己创造的一个机会。

因为平日里我们很难在自己的朋友圈找到各类优质的人成为真正的朋友，并因此获取能解决某个具体问题的真实能力，所以建立在这种诉求基础上的拜访，是让你在积累中获取真实能力的最好机会。关于这一点，即便是付一些咨询费，也是非常合适的。

另外，并不是你想拜访的每个嘉宾都是需要付费咨询的，在一般情况下，你提出的付费请教也是一种谦辞，具体要根据对方的身份和探讨的话题而定。

但如果对方是咨询师，他们以时间成本提供咨询服务时，是一定需要付费的。

在没有拜访之前，先不要认定自己没有机会，或者认为对方那么优秀自己望尘莫及，就自动划出一个圈子把自己隔出去，以为对方根本不会见一个名不见经传的小人物。

我们要去努力争取一切机会，而不是仅仅在家被动地想一想而没有行动或不敢行动，两者在结果上会有很大的不同。因此，让我们勇敢一点，哪怕你的经济条件有限，在和对方说明自身的情况后，你也许会获得意想不到的支持。

在下一节，我们来学习大型活动的拓客方式。

2.9 大型活动拓客方式

大型活动的规模一般在万人左右，常见的是各类展会。

大型活动并不是我们日常工作和拜访里常见、常用的拓客渠道，这主要有两个原因。

第一个原因是，拜访难度较大。因为各类展会基本上是商家直接参展，以个人名义去展会上做陌生拜访，是一件难度较大的事情，所以缺少信心和方法的人，几乎不会考虑这种拓客渠道。

第二个原因是，展会不高频。鉴于活动的规模和举办地点的选择，展会一般是不会在一个城市频繁举办的。

由于以上这两个现实原因，一般个人很少会选择将展会作为自己的拓客渠道。

虽然此类活动低频，拓客难度又高，但它却是一个非常好的载体，一次成功的拜访可以让我们快速实现个人品牌的推广，让更多人知道你，这是其他拓客渠道不具备的优点。

你可以通过了解大型活动的拓客方式，来补充你的拓客渠道，将其作为销售工作中的一个备选方案。与此同时，当你了解大型活动的拓客方式之后，在你将来与高价值客户谈合作、进行销售拜访时，**会增加你的胆识，促进合作链接的建立。**

关于获知展会信息的方式，现在我们有很多渠道可以利用。比较方便的方法是，打开微信，搜索公众号，输入"展会"两个字，即可看到各个展会平台的公众号，你可以关注感兴趣的展会公众号，然后进一步详细了解各展会的具体信息。

但在真正拜访之前，一定有人会先想到难度："我知道好处，但这也太难了，我不敢去拜访。""我也不是商家，只是个销售，根本不能实现，想了也没用。""展会那么大，我从哪里入手啊？"

为了减少你的拜访阻力，使拜访成功率更高，请考虑以下四个问题：

- 你拥有清晰的目标吗？
- 你有立即行动的态度吗？
- 你能找到可建立链接的关键信息吗？
- 你能优先考虑自己要为对方创造什么价值吗？

关于大型活动的拓客方式，你更多的是需要了解自身成就动机、目标、可建立链接的关键信息，**优先考虑能够给对方什么价值**，这些都是最基础的条件。

在学习在此场景中如何拓客之前，我们先来探讨一下，以上畏难情绪产生的原因，难道只是你不会方法吗？

其实并不尽然。在设定自己的业绩目标和定义自己的生活方式时，由于每个人的期许、愿景不同，因而产生的行动不同，所以结果也不同。

有人因为想要完成某个高业绩目标而积极行动，有人因为觉得自己不可能完成某个业绩目标的畏难情绪而止步不前，在这两种表现背后，有三个因素在起作用，分别是：成就动机、归因方式及应对挫折的复原力。这三个因素与你是否拥有清晰的目标和你是否敢开拓更大的市场息息相关。

了解人们在不同动机下产生的思维差异，其实能够帮助你完成更高的业绩目标。因为这会让你实现不同时期的不同目标，而不是只在舒适区原地踏步，自我安慰。

为什么成就动机会影响业绩呢？我们先来看一下，为什么有人总是能够拥有清晰的目标，并总是能完成这些目标。

2.10 拥有清晰的目标

你是否拥有清晰、力求成功的目标，背后是个体的成就动机在起作用。

当成就动机强时，目标达成的可能性就高，小的阻碍就不足以影响你的行动。力求成功者的目的是获取成就，如果你具备这种强成就需求动机，就会选择既存在成功的可能性又有足够挑战性的中等难度的任务。

比如："这个市场太好了，我要去试试。""这些客户属于高价值客户，他们符合我的定位，我要去拜访。"因而兴奋地想着如何去行动，定好具体的行动计划，跃跃欲试地想要完成目标。

若我们没有清晰的目标，成就动机弱，就会害怕、告诉自己不行、认为这个市场与自己无关，比如产生这样的想法："这完全不可能成功，他们不是我稳操胜券的目标客户。""展会太大了，这事与我无关。""这个市场太难了，我肯定完不成，干脆就别去拜访了。"

因为避免失败的动机，我们害怕因失败而体验到羞愧感。**在观察可能对我们构成挑战和威胁的市场时，我们就会自动产生一种自我保护的倾向，保护我们的自尊不受伤害。**这时我们就会自动规避、轻易不去触碰难度较高的事情。

一个人内心定义的目标吸引力越大，成就动机就越强；在与人沟通、处事、销售和谈判等的过程中越受人尊敬、实现的价值越大，成就动机就越强。

　　成就动机影响结果，也会影响你如何建立目标，而你的目标又决定了你的业绩，从长远来看就是，人生绩效最终影响你的生活方式与生命质量，以及是否能够拥有多重选择的权利。

2.11　拥有立即行动的态度

成就动机是我们设定业绩目标的基础，也是一个人"野心"的载体，但一个人仅有成就动机还不够，还需要有立即行动的态度和具体可执行的方法。

那么，是什么影响了**立即行动**这一"指令"的执行呢？

由于销售工作只是我们整体生活中的一部分，我们日常的工作状态是否能够持续保持活力，还取决于我们生活在什么样的背景环境之下。如果我们的情绪受到生活和工作中其他事情的干扰，比如家庭关系紧张、经济压力大、曾经失败的阴影等，那么这种干扰存在的时间越久，就会越影响我们在工作中的表现和效率。

这时，一旦有冲突产生，成就动机和环境中存在的干扰就会"博弈"，一旦干扰太大而把内心的成就动机打败，就意味着我们需要"疗伤"休息、暂停或等待，这进一步导致不能行动或不能立即行动。

这不仅仅是内心承载力的问题，还与我们看待事情的角度有关。

如果你的生活里并没有过重的压力，那么我们就把环境的干扰缩小到销售拜访这件事上来看。

在一次销售拜访结束后，如果遭到潜在客户的拒绝，你心里肯定会有难过、沮丧、焦虑甚至愤怒等情绪。在被拒绝多次后，你是否还能够保持良好的工作状态，不受其影响？是再接再厉还是停下来休息？这与我们如何思考和理解销售拜访中的失败或被拒绝的原因有关。

你是否拥有立即行动的态度，要看你如何来解释事件和定义目前的状态。

20 世纪 50 年代，美国临床心理学家艾尔比特·埃利斯提出了著名的情绪 ABC 理论，他认为人的情绪是由思想决定的，合理的观念导致健康的情绪，不合理的观念导致负向、不稳定的情绪。

那么，什么是情绪 ABC 理论呢？它又对你的行动指令和销售结果有什么直接的影响呢？

这里，我进一步为你说明什么是情绪 ABC 理论：

A（antecedent）是指主要事实、行为、事件；

B（belief）是指个体对 A 的信念和观点；

C（consequence）是指结果。

我们是否可以立即行动或继续行动去拜访更多客户，并不仅仅取决于发生的事件（被客户拒绝的事件等"环境的干扰"），因为我们的行动会受到思想的支配，这时归因方式就直接影响了我们的行动。

那么，在逆境中是否能迎难而上，去解决问题，进而找到动力、意义和乐趣，这在很大程度上取决于我们选择怎样的方式去面对和处理。

有一位美国心理学家叫马丁·塞利格曼，被称为"积极心理学之父"，他研究人们如何应对挫折几十年，在此过程中，他发现三个阻碍复原力的认知因素，分别如下。

- 个人化：认为不好的事发生都是自己的错；
- 普遍性：认为消极事件会影响到生活的方方面面；
- 持久性：认为事件的残余效应永远存在。

无论我们处在人生中的什么位置，只要以上三个认知因素不变，就会影响我们的能量状态和工作效率，这也是我们不能行动的原因。

我们要重视，我们的思考方式与我们的直觉和对事情局面的判断相关，也与我们如何判断和解释他人与自身行为的原因息息相关。这就是归因方式不同，每个人承受压力的临界点也不同。

如果你给自己下了某种定义，不断暗示自己不能行动的原因是受到环境的制约、条件不足等，最后总结一句"我也没有办法"，那么这种心态一旦产生，就会导致你的人生走向你不希望看到的方向。

因此，你要正确看待环境干扰，明确内心评定事件的标准，认清阻碍背后的意义。一旦突破，你就会涅槃重生。

情绪 ABC 理论告诉我们，解读事实的角度不同，得出的结果也不同。

同时，在销售拜访中，你被客户拒绝的背后其实存在多种原因。如果你没有足够了解客户拒绝你的原因，只是主观上认为自己不行，就会不敢继续行动或延迟拜访；反之，如果你知道了真实原因，就不会因为有太强的挫败感而不能继续行动。

这就是说，你对一件事情的解释不同，所形成的信念不同，产生的结果也不同。

你是否拥有立即行动的态度，在你内在的成就动机的基础上，还与你的归因方式和应对挫折的复原力有关，而这则影响了你能做出多少业绩、需要多长时间来达成业绩目标。

当你了解以上 3 个因素后，我来讲两个我在初期做市场时与万人展会合作的案例。

先来给你讲讲我首次创业的背景信息。

2012 年，我开始做形象设计公司，那时我刚辞职不久，用了仅有的 2 万块钱，在一个临街的居民楼租了一间 50 平方米的工作室。公司的主营业务是形象设计和化妆方面的服务及教学，客单价在

1380~12 800 元。

由于在职场上，我的工作能力强，业绩突出，所以公司对我再三挽留，不想让我创业。领导看我下定了决心，就和我说："我支持你创业，要是创业难度高你就回来，我一直给你留着位置。"同事也劝我说："还是等结婚以后，至少生完孩子再辞职，把公司福利先享受完，多合适呀！"身边的朋友也说："有那么多做化妆培训的工作室、公司和学校等，你拿什么与他们竞争，市场不会好做的，公司那么好的待遇，还是不要自己做了。"

但是我考虑到，由于每个品牌都有各项 KPI 指标，所以导购在推荐产品时，需要平衡"适合消费者"与"完成店铺 KPI"，从很大程度上来说，KPI 导向实际上影响了消费者的决策，许多人并不知道如何选择适合自己的化妆品和妆容。本着教会女性如何变美的初衷，我决定去创业，一是教会她们选择适合自己的化妆品，更好地保养皮肤，节省资金；二是让女性掌握化妆技巧，拥有变美的能力。

但因为我刚辞职，所以在创业初期，我不仅没有人脉基础，也没有钱去做广告、招员工等，更没有太多的经营经验。

那时，相比其他资源的不足，我的勇气和决心是占绝对优势的。

我在最初创业的时候，不过 20 岁出头，但当时我就发了一条微博："我要让沈阳的大街小巷都知道我的品牌，我要成为沈阳形象设计品牌第一名。"

我在一个人的情况下，不断地做陌生市场开发。

一年之后，凭借我的业务能力及技术，我的团队增至 100 人。同时，我们与上百家知名公司有深度合作，每月都有几十场的商演活动，到节假日时更是供不应求，每天都辗转 3~5 场。工作室更是客户不断，人气爆棚。在经营形象设计品牌的 7 年里，我与沈阳众多知名公司、媒体、商场、酒店和银行等都保持了长期合作。

我即将给你讲的就是我刚做市场开发时的故事，是因为一个电梯间的广告和万人车展合作的故事。

案例 2-9 首次创业时与万人车展合作

那是在我工作室刚成立不久的时候，有一次，一位瑜伽店的业务经理约我一起去做市场。

我一出工作室大门，就看见电梯上有一张海报，上面写着："沈阳国际车展，每天预计 10 万人流量，电视台广告、地铁站广告、报纸媒体广告投放，火爆开展，为期 5 天。"我当时就和瑜伽店的业务经理说："我想和他们合作。"

她以不可思议的眼光看着我说："你别开玩笑了，快走吧。那么大的车展，你一个那么小还不知名的化妆工作室，怎么和他们谈合作，你们也没有业务关系呀。"

我没有在意她的想法，我说："我要试试。"

接着，我就把海报上的招商电话记了下来，并单独找时间打了电话。结果，一个电话、一次见面，就顺利地谈成了合作。当时合作的结果是，他们送我两个展位，在车展现场免费展示了我的品牌，帮我发了 2 万份宣传单，给我介绍了车展模特的负责人，让我额外接了车展模特化妆的单。由于宣传单的发放，后期又陆续有 30 多个新娘找我化妆，那一次拜访，让我的收入增加了 12 万元。

下面，我把当时的拓客过程还原出来，让你了解其中细节。

当时海报上留的是展会销售总监的手机号码，我打电话时大致说的内容是："我是做形象设计公司的，目前在这个领域做了 10 年（指从事化妆工作），我想参加这次车展的人里会有即将结婚的新人，我想给车展赞助一些新娘妆。"

对方听到我的专业是形象设计以后，并没有问到赞助的事情，而是问我会不会布置车展现场的奖励区，让我帮他想想怎么布置比较好。因为他们要缩减人工成本，不想请内场布置的设计人员。

我听到后说："那可以呀。"（我之前还在上班的时候，总是自己设计一些奢侈品的陈列区。）

于是我们就约了见面时间。

接下来，他给我看了场地的图片，我把奖励区如何布置的设计想法和色彩运用方案和他说了之后，他很满意，于是他说："你核算一下成本，送出的新娘妆价值多少钱，我给你置换两个车展旁边的展位，你可以摆东西，展会期间人流量大，你还可以让别人摆点水来卖。然后，你印2万份宣传单给我，我回头让工作人员把宣传单提前放在参展客户的礼品袋里。你再把能提供的新娘妆的具体数量告诉我，我作为现场抽奖的奖品就可以了。"

接着，我再给你讲一个我在跨界转型初期拜访万人展会的故事。

案例 2-10　在陌生市场开发初期拜访万人展会的故事

2019年，在我跨界转型做全领域销售咨询初期，有一次和老朋友见面，他是某展会的工作人员。

他和我说："你除了做全领域销售咨询，是否可以尝试做一下某个领域的垂直市场呢？比如去做加盟行业的销售培训，他们是很需要的。"听到我说还没有考虑过只做一个品类的垂直市场，他又继续说："你有时间可以去做做调研，最好去北京、上海的展会看看，那边规模更大。"我问他近期什么时候有展会，他说最近没有，只有吉林有一场，但是规模太小，等到一线城市什么时候有了再告诉我。

在那次对话结束之后，过了近两个月。期间我专注于做一对一咨询，档期排得比较满。

一天中午，他给我发来微信说："邦尼，我今天才看见，上海有个展会，今天第一天开展，你这就过去，这样明天就可以早早去展会，好好了解一下。要是明天去的话，等你到上海机场再去展会就到下午了，那时就只能赶上展会尾声了，所以最好是今天去。"

我看到他的信息，立即决定去一趟上海，于是把咨询档期重新安排了一下，订好机票，当天下午就出发了。

我在飞机上想，我不能只是去了解一下展会信息，我要和他们建立合作。

但是要怎样合作呢？我在上海一个人也不认识，我朋友也不认识上海展会的人。

我在飞机上想象了展会的情况，并构建了此次去展会谈合作的思路。

(1) 做调研准备。 因为展会上有多个商家同时参展，现场人流量大，也一定有音乐声、促销和谈单的声音等，背景会很嘈杂，所以我在做市场调研时，要准备好纸和笔做记录。

(2) 我不能一家一家地谈。 一个原因是，展会时间很有限，一家一家地去拜访的话，效率低；另一个原因是，销售时机不对，因为商家参展的主要目的就是增加客户量，以及把客户转化成他们的经销商或代理商，而在他们向他人销售产品的时候，我不能去销售产品给他们。

(3) 我要想办法找到展会的负责人。 于是，在我抵达上海后，在展会附近的酒店办完入住就立即去了展会现场。展会规模很大，有几万平方米。我看到现场分为几大区域，分别是餐饮加盟展、教育加盟展、酒店加盟展等，现场人声鼎沸。

我并没有关注各商家的具体信息，第一时间留意了现场的展会广告牌下边是否留有电话，以及现场哪里有主办方的信息。

接下来，为了节省时间，我快速地穿行在各个展会间，然后在一个100人左右的主讲台前驻足，看到一个讲师在讲"如何选择加盟商"。

我猜想，这个人一定和主办方有一定的关系，我准备在听完她讲的内容后，和她联系一下。

于是，**我坐在现场听了40分钟**。

为什么听了40分钟？

这是因为我要清楚她传递的内容质量如何，这也代表着展会官方认可的水平在什么层次。同时我还能通过她的讲解，进一步了解加盟商现状、行情等，这对接下来向她反馈感受，以及进一步联系上主办方都有帮助。

于是，在她快要分享结束时，我就站在主讲台侧后方等候她。她下来的时候立即被另一个工作人员找去了，那个人拉着她说了近20分钟，我就在不远处等着。在他们结束了谈话之后，我向前说："刚才听了您的分享，您讲的内容很实用，对我很有帮助，非常感谢您。我想请问，您是主办方的讲师吗？"

她说："不是的，我是他们请来的。"我说："您知道他们在哪里吗？您能帮我引荐一下吗？我想和他们谈一个合作。"她说："正好那个人就是。"说着她指向一个戴着工牌的工作人员。我和她说完谢谢，就去找那位工作人员。。

我说："您好，我想问一下，咱们展会负责人在现场吗？"他说："在的，你有什么事吗？"我说："我想要和你们合作，麻烦您帮我介绍一下。"他说："稍等，他正好在，我去喊他。"我看见那个现场负责人一只手拿着文件，另一只手打着电话，朝我这儿看了一眼。

挂了电话后他问我："你有什么事？"我说："您好，我是做全领域销售咨询的，刚才看展会讲师讲的如何选择加盟商，我想问你们是否需要合作讲师？"

他说："现场很忙，环境又乱糟糟的，没时间说。这样，我们加个微信，你把你的介绍发过来，有时间我们再联系。"我表示感谢，然后一边加微信一边很认真地和他说："我是专程从沈阳过来的，想和你们谈合作，不知道你们是否在上海办公？"

听到他说他们在北京办公，我说："那你们会在上海待几天？方不方便在今天展会结束后和您约 30 分钟谈一下？"他说："不行，这几天非常忙，要赶着做活动，这样吧，你去北京找我，我们再聊。"我说："好的，很高兴认识您，那我们到时约北京见。"

后来我去北京到他们公司拜访，得知他在这个加盟领域做了 20 年，他们在全国的一线城市循环做大型展会。那次见面的时候，他是和他们公司的另一位资深业务总监一起见的我。（因为我们并不熟悉，他们一起见我，是想节省见面时间。）

通过那一次见面，我们愉快地谈成了合作。他要借助他 20 年的行业积累所认识的资源，帮我做介绍和背书。同时，他还邀请我成为他们专家团的讲师之一，因为这样就可以直接覆盖他们的客户，让他们能够听我的课，直接触达用户，进而通过加盟展做背书，同时也能让用户直接了解我，那就是我能为加盟商实实在在地解决销售业绩问题。另外，他还和我约定好日期，付费邀请我给他们的销售团队讲销售课。

相信这两个故事可以在拜访上给你带来一定的信心。现在让我们来看看如何与万人展会建立合作链接。

2.12 找到可建立链接的关键信息

在整理大型展会的拜访思路时，你不仅要考虑"拜访谁"，在此基础上，还要学会找到想要拜访的目标客户，以及能建立你们之间的链接的信息。

比如我在市场运作初期，仅凭一个广告位和朋友告诉我的上海展会的信息，就立即联系沟通，并最终成功合作。如果我没有采取行动，那么那些就只是一个信息。

这就提醒我们，我们身边存在各种可能性，要看我们是如何理解和发现的。

如果你看见了、听见了，但没有想到建立链接的可能性，就不会想着去拜访。而当你的拓客思路打开，你就可以根据你的产品形态所能服务的人群进行匹配，找到可建立拓客链接的关键信息，从而通过多种路径实现拓客，达到销售目标。

什么是可建立拓客链接的关键信息？

这是指将自己的主营业务与合作方的受众客户进行匹配的"联想"。

比如，在上文的案例里，我首先考虑了车展能够和我合作的可能性，因为我们的客户有一定的匹配度。

因为我的主要业务是形象设计和化妆服务，我的客户主要以女性为主，其中化妆服务中包含新娘化妆的业务，因此，即将结婚的女性是我的主要受众客户。

而国际车展活动借助各媒体的广告流量，会吸引想要购车的人群，而这里就存在即将结婚的新人去看车的可能性。

这就是可建立拓客链接的关键信息。

同样，在上海展会的陌生市场开发中，我看见现场竟然有讲师在讲如何选择加盟商，于是我就以讲师的身份切入进去。

这也是可建立拓客链接的关键信息，找到这种信息即可，而不是创造条件。

在初做市场时，我们的资金实力、人脉资源和品牌往往都不具备竞争力，如果自认为时机不到，需要更多准备，等自己实力够强才能和他们合作，就会让自己处于等待之中，浪费掉很多机会。

你越不敢开发大的市场，内心阻碍越多，就会越焦虑。

因此，在市场开发初期，你无须去创造条件，只需要把你真正具备的专业、态度、精神拿出来，勇于开拓市场就是解决问题的一个良方，学会去寻找可建立拓客链接的关键信息，会让你更轻松。

2.13 在合作之前优先考虑能为对方创造什么价值

在上面两个案例中，大家都能看到，我之所以能够顺利合作，一个原因就是把能够为对方创造的价值放在首位。

例如，我先想到为对方提供新娘妆赞助，以及给对方的员工做培训、给对方所在的加盟行业赋能。

这个角度就是，思考在专业领域里能为对方做什么，而不是先去思考自己行不行。

对品牌这一集合之下的众多个体需求进行拆分，想象你能为这些个体做什么，找到可建立链接的关键信息，会助你减轻压力，并实现结果。

因为无论对方的品牌名气有多大，活动规模有多大，他们对你是否有需求，往往只是取决于你在这个领域的专业实力。更多的情况是，影响你是否能赢得机会的关键因素，在于你的专业、态度、精神如何，而不仅仅是你目前的硬件资源有多少。

第 3 章

让我们拥有更多客户

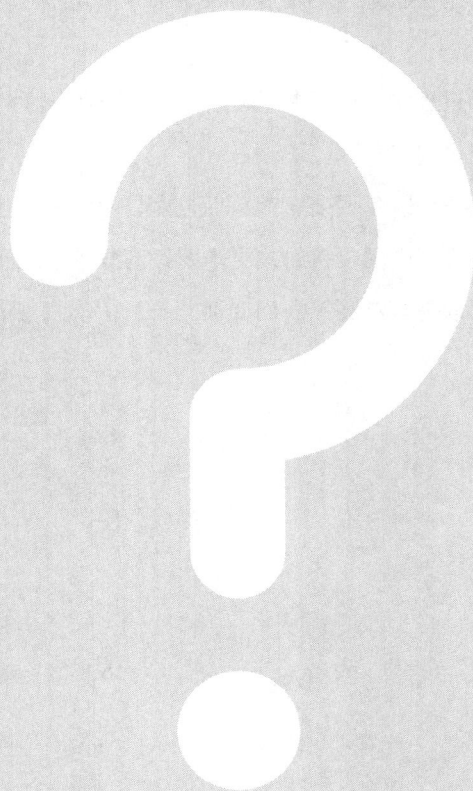

在这一章中，我将重点讲述如何发现更多潜在客户渠道及链接。怎样拥有更多潜在客户？

很多人在寻找客户渠道时，会觉得很难，总是感到客户匮乏，但很多时候又只是在家里、办公室等场所苦苦等待，看看谁能够主动来找自己。他们经常想要去拜访客户，却又不知道该去哪里找客户。

他们心里想着"我要是有更多客户就好了"，可是，他们又在思索"我又该去拜访谁呢？"，这样的思考里充满了焦虑。

无论你从事销售工作的时间多久，如果对外没有真正形成一个专业印象，并拥有基础的客群储备，那么被动式的等待就只能浪费自己的时间，消耗自己的能量和工作热情。

因此，审视你的销售状态、不断复盘及学会方法这三点，就是你打开希望之门的钥匙。

在你阅读本书的过程中，要不断重复这三点，直到把手中的钥匙打磨到可以打开任意一扇希望之门。

在这个过程中，我们既不要妄自菲薄而过度自卑，或者过于否定自己而矫枉过正，或者在随波逐流中固步自封，更不要好高骛远，急于求成。

怎样找到更多的潜在客户呢？ 我们要训练自己主动发现的能力。

3.1　训练自己主动发现客户的能力

要想拥有主动发现客户的能力，**首先需要学会进行专业价值上的联想，其次是要有明确的专业价值意识，最后是重视交流中专业表达的能力。**

这三点为我们拥有发现客户的能力提供了有力支撑。

什么是进行专业价值上的联想？

你在日常生活和工作中，会不断看到各种媒体广告，不断接触各类人群。

在任意场景、情境下，在各种媒体广告等触达你视觉的第一时间，你要能够迅速想到：

"我的专业价值可以解决他人什么问题？"

"我的专业价值可以让他人在什么样的具体情境下使用？"

在不同情境下，随时随地创造专业关系的链接，是助你找到更多客户的最佳路径。

3.2 媒体广告下的专业价值联想与链接

不断留意身边的事情，不断发掘商业链接，把不可想象的业务变成现实。我们来看一个我在创办形象设计公司初期的故事。

案例 3-1　我与《中国好声音》、万达广场合作的故事

那是在 2014 年，有一次，我路过万达广场，看见门口的橱窗上贴着"《中国好声音》海选沈阳站"的海报。

看见海报的时候，我就在想："我是否能给参加《中国好声音》海选的选手们提供化妆服务呢？"我看到海报上有大歌星 KTV 的 logo（标志），于是立即去商场内大歌星 KTV 的前台寻找该活动的负责人。

从交流中我得知该负责人是大歌星 KTV 的老板，他同时也经营着一家活动策划公司，万达广场的所有室内活动都是由他们团队来承办的。

通过那一次拜访，我们达成了合作，合作的即时结果如下：

- 我担任了《中国好声音》沈阳赛区的海选评委，审核选手形象和妆容；
- 我的团队给海选选手化妆；

- 大歌星 KTV 的自有客群通过公众号和短信方式帮我引流，同时在他们前台免费摆放我公司的业务展架；
- 他帮我引荐了万达广场的负责人，对方主要承接商场内的女性活动。

合作的长期结果如下：

- 品牌植入。由于《中国好声音》海选是在万达广场中庭举办的，而我是评委，所以会有我的邦尼形象设计品牌的植入广告。
- 付费化妆。大歌星 KTV 承办的《中国好声音》第二次海选活动在北戴河举办，那次他们也付费邀请我们团队给选手们化妆。
- 大歌星 KTV 源源不断地为我引荐自有流量。因为那个时期经常有各个公司到大歌星 KTV 团建。他们看到我们的宣传物料后，也会形成印象，在大歌星 KTV 做活动时，就有公司需要安排年会造型化妆，大歌星 KTV 就会提前预约我们团队。
- 达成与万达广场的长期合作。

当时与万达广场的负责人见面之后，他邀请我们品牌承接商场内全年的女性活动，比如，三月八日的"至亲闺蜜·至爱自己""女王范"活动、母亲节活动、大学生毕业季活动、职场形象活动、春夏秋冬各季节服装搭配和形象美妆课堂等。每一次，他们都在商场内的中庭为我们免费搭建舞台，室内大屏上打着"邦尼形象设计"，万达广场的室内海报和 DM 单也同步宣传邦尼形象设计。他还多次创造机会，帮助我做品牌运营，同步实现了大量潜在客户的涌入。

像这样，在创业初期，在不具备更多资源上的硬实力的情况下，通过一次拜访，以及**一次次活动中对专业品质的严格把控，我达成了以上成果。**

在本案例中，我看到媒体广告的第一时间就立即想到了合作的可能性。所以说，进行专业价值上的联想，是成功合作的前提。

那我们要如何去做呢？

当你看见身边的媒体广告等信息时，首先要思考你的专业价值，看是否能匹配他人的需求，可以解决他人什么问题，把情境联想出来，立即采取行动。

总之，当你拓展客户渠道时，要重点思考："我的专业价值在哪里？"那么，这一思考要怎么展开呢？我们应当注意以下几点。

1. 要有明确的专业价值意识

什么是专业价值意识？

专业价值意识不是单指你所售卖的产品的价值，而是你所售卖的产品和你的专业能力两方面的共同价值。我们可以想一想，自己身上有什么专业价值呢？在你见潜在客户的时候，把这种意识随时"提取"出来。

下面我来具体说明一下。在本案例中，我当时的产品是形象设计和彩妆造型服务与培训，此处的业务本身是专业能力，而专业价值的提取，是指在我和他人链接时我能为对方做什么。

那么，此时的专业价值就是你额外帮助他人解决问题的一种能力，这是做拓客链接的关键所在。

接下来我们做一组练习，让你既梳理清楚自己的专业价值，又学会如何做拓客链接。

【小练习】

(1) 我的专业价值是什么？ 我们要根据不同的客群对自己的专业价值进行不同的设定，所以可以在自己的笔记本上多列出来一些。在我给你讲述各种案例的过程中，你会不断看到专业价值匹配的重要性。

_____

_____

_____

(2) 我的专业价值可以解决他人什么问题? 为他人创造什么价值? 先把销售自己的产品放在一边，<u>永远先去思考能为他人解决什么问题，以创造对他人有效的价值为第一要素。</u>

_____

_____

_____

(3) 我的专业价值可以让他人在什么样的具体情境下使用呢? 这是指你在当下所接触的人，他们在某个情境下存在与你个人价值和专业相关的即时需求和长期需求。

具体情境下的**即时需求**，是可以让你在较短时间内建立信任和关系的重要部分。

长期需求是在一段关系中你可以持续帮助对方达成某种结果的部分。你可以在笔记本上分别写出自己具备的能力，以适应不同人群的情境需求。

_____

_____

_____

(4) 我要怎样利用专业价值与对方建立合作关系? 当你了解了以上 3 点，你就会在头脑中迅速勾勒出一套针对当下即将拜访的客户的合作思路，而不会停止行动，或者有任何迟疑。

因为机遇是在某个特定时刻产生的，<u>如果行动有所延迟，机遇也许同样存在，但可能就不是由你来实现价值，那么你就会不断错过机遇。</u>

_____

_____

_____

在我们了解以上 4 个部分之后，接下来，我给你做一个具体的演示。

在你以后的拜访路径中，要根据自己的实际情境，不断问自己这些问题并做出解答，这样会自动生成一张工作路径的地图，助你形成紧密的人际关系。

【案例演示】

(1) 我的专业价值是什么？

答：帮助他人做形象设计、彩妆造型的能力。

(2) 我的专业价值可以解决《中国好声音》海选活动什么问题？可以为他们创造什么价值？

答：解决参赛选手的形象问题，提升活动品质。能创造的价值是，让参赛选手的形象更好，避免他们自己化妆浪费时间或者找他人化妆妆容效果不好，可以帮助活动承办者对外展示更好的价值。

(3) 我的专业价值可以让《中国好声音》海选活动在什么样的具体情境下使用？

答：《中国好声音》的海选活动会有化妆造型的情境需求，因为选手上台之前，一定需要化妆造型。

(4) 我要怎样利用专业价值与《中国好声音》建立合作关系？

答：在本案例中，我推测到在《中国好声音》的海选活动中，报名参赛的每个人都需要化妆造型，但是海选活动不是正式比赛，化妆造型是参赛选手自己负责的，并不会由主办方负责。

因此，我可以用我的化妆造型服务作为活动主办方的附赠价值，这样我就可以提出为这次海选活动赞助化妆服务，让参赛选手更有自信，我因此就会获得与主办方建立合作的可能性。

在你没有习惯之前，这部分练习会花一些时间，因为比较有难度。

在这部分练习中，你可以问自己以下 4 个问题：

- "我的个人习惯如何？在人际交往中，我是否具备利他精神？"
- "我对自身专业价值的梳理如何？是否能够清晰地认识到自己的专业价值？"
- "我在面对不同场景、情境下的人物时，我心理状态的稳定性如何？我是否能够从容应对？"
- "我是否有清晰的目标？我是否在确立目标之后，抱有一定要达成目标的信念？还是顺其自然，看情况而定？"

在你刚开始练习时，不要着急，慢慢来，直到某一天你可以迅速找到专业价值的链接点，使用起来得心应手，那时你就会感到没有白白为此付出努力。

无论在什么时候，如果你能够优先想到去帮助他人实现某种结果，那么你想要的果实也离你不会太远。

在上文中我提到，进行专业价值上的联想与利用专业价值，可以让你拥有建立合作的可能性，那为什么不是一定会建立合作呢？

因为你想到的自身的专业价值是否真正能够满足对方的情境需求，由对方的即时目标预期、决策者性格、你自身的价值与即时表现等众多关键因素决定，所以把专业价值作为人际关系（潜在客户）的链接点来看，就会让你的行动更容易一些。

例如在本案例中，"我所拥有的专业价值"就不在对方的预期需求之内，因为参赛选手形象的好坏与主办方无关。

此时我们就要站在一定的高度来看待这件事情，这会让我们有新的理解。这不是你是否可以为他人传递价值或是否可以销售产品的问题，而是**站在主办**

方的角度考虑，这个活动对他们来说整体的利益导向在哪里的问题。

因此，站在活动主办方的视角来看，我所提供的化妆造型服务只是锦上添花的事情，在对方对你的业务品质和人品都不了解又没有具体诉求的情况下，他们不会贸然接受。

而如果站在我的立场，我是否能够完成这次合作或创造更多的机会，却与活动主办方没有太大关系。

假设对方现有的分值是 10 分，那么我的专业价值可能只会帮对方增加 1~2 分，整体上不会给对方带来太大的改变。而如果我们建立合作，那么对我来说，增加的分值就不止 1~2 分了。

这时就算我们链接成功，这对对方来说也仅仅是一个局部嵌入的事情。因为当时的具体情境只是一个海选，并不是正式比赛。

因此，在清楚不同的情境需求之下链接关系的强弱之后，你就会更明确说话的立场和角度，能够为他人思考，这也是链接你自身价值的关键，与你是否有勇气没有太大关系。

也就是说，即使你具备专业价值，但如果在你链接的情境中对方并没有直接需求，那解决办法就是进行专业价值上的联想，利用自身的专业价值去创造陌生关系链接即可。

简单来说，就是我要有一个很好的理由作为交流的机会，去认识对方。

比如在本案例中，他们不会把此类服务看得很重要，这是在我心理预期之内的。当我们了解此事件链接的各个关键信息时，你就会比较轻松地去应对。

因此，进行专业价值上的联想，并以认识的理由与对方见面，就非常重要。

比如在本案例中，我们在见面时，他很看好我的为人和在行业的实力等。他虽然没有此类需求，但为我考虑和创造了新的机会，他说："你不要做海选化妆了，这样化妆成本太高。我邀请你来做评委吧，会起到同样的品牌宣传效果。我还可以给你引荐万达广场的负责人，你们会有合作机会的。"因此，我们之间就有了后续的合作。

总之，当你明确了以上 4 个问题之后，在你们见面交流时，就能根据双方的契合点来看是否有新的机会或是否能满足对方场景所需。

为什么是双方的契合点，而不是完全看对方是否需要呢？

(1) 我们拥有选择权。首先，只要你在你的专业领域内足够卓越，专业价值能够满足他人场景所需，你就是拥有选择权的。

(2) 价值观匹配是合作前提。你在选择合作伙伴或潜在客户时，也要看对方的人品、性格是否匹配你的个人价值观。在此也提醒我们，进行专业价值上的业务联想，明确价值意识进行赋能，也要看彼此的价值观。

(3) 正确看待自身专业价值。你在和有实力的潜在客户进行沟通时，或者在建立合作初期，不要仅关注对方的实力。你要清楚的是，如果对方实力强大，那么你可以欣赏对方，但不要进行对比。不要看到他人的实力后，就自我否定，认为自己目前太弱，而不敢和人平等沟通，心生胆怯。

同时，你要看在对方目前的情境中，你能够运用自身的专业价值帮对方解决什么问题，或者能够共创哪些价值。你更要关注的是自身的专业价值部分。这意味着，你要把你们之间的关系看成平等关系。

比如在本案例中，如果我把《中国好声音》的品牌影响力、大歌星 KTV 老板的财力和当时我自身的名气、收入来做比较，那我根本无法迈开步子去行动，也不会在接下来的交流中让自己的专业价值体现出来。

因为这会形成新的问题，比如在拜访交流中表现出"乞求感"、想送都送不出去的挫败感。如何解决这个问题，我们来看下一条，那就是重视沟通中专业表达的能力。

2. 重视专业表达的能力

为什么在案例中，我能如此简单、顺利地与对方建立合作关系呢？这里有几个因素，分别是：

- 见面时清晰地向对方说明来意；
- 沟通时有时间观念；
- 展示专业价值；
- 站在他人视角考虑问题，重视利他价值观。

这 4 点可以帮助我们完成专业表达。因为你的潜在客户是否能"准确"或"客观"地判断你的价值，除了看他们的真正需求、兴趣和对你是否信任之外，他们更依照自身感知行事，所以你要想做好专业表达，必须同时做到以上 4 点。

比如在本案例中，我和前台说找负责人合作，前台帮我引荐后，我在见面的第一时间说明想要合作的想法，并在 3 分钟内表述自己的职业属性、品质，同时说出我对《中国好声音》选手妆容对海选活动整体效果的影响的看法（站在主办方的角度），以及为参赛选手提供化妆造型会让选手更自信、更节省时间（站在参赛选手的角度），然后提出为一次海选活动提供免费的化妆增值服务。像这样，我在极短的时间内做出了专业表达，同时我形象得体，态度上既谦虚又坚定，于是很顺利地与他们建立了合作。

也就是说，我不仅想到了对方会有潜在需求，我还有专业价值和利他之心。

关于利他之心，你要做锦上添花和雪中送炭，这样你才有赢得机会的可能。

这里的重点是，在与潜在客户的交流中，"你的专业展示"和"你的专业价值能够为对方做什么"同样重要。

为什么呢？让我们回到案例中，进一步理解此处的重点。

比如，我表达了自己对人物塑造的理解（专业展示），以及在业务上能够为他们提供免费的化妆服务，而不仅仅是"我是做什么的"；只是说明我的公司业务，在浅层介绍之后，就急于说"我会为你们的活动创造什么价值，我能给你带来什么，我能送你什么"等。

这就变成了一种"变形"的业务推销，和"为他人创造某个价值、帮助他人完成某件事"的初心相背离，进而导致你原本的利他之心无法让他人感知到。

而如果过于强调免费（利他）的部分，又会增加他人的心理负担。

为什么会有心理负担呢？

因为在你首次与对方见面时，在你没有任何背书、你的潜在客户或合作伙伴对你的产品的需求未知的情况下，你在见面交流时的表达越专业，代表业务品质越高。如果他们感知到你要去销售给他们某个产品，并且这个产品他们并不十分需要，他们就会与你保持距离，导致过早地出现拒绝。

因此，你要重视专业价值，同时葆有利他之心。

这样才会让外行（不了解你行业的人）在你的表达中，感受到你的专业和你的精神，让潜在合作者看到你可以让活动更专业、效果更好，进而增加采纳你的合作建议的概率，为你创造更多机会。

3.3 展会上的专业价值联想

在上一部分的案例中，我的专业价值不是对方的直接需求，我是通过进行专业价值上的联想而建立合作的。

在下面这个案例中，我的专业价值是他人真正所需要的，你将会看到实现拥有更多客户的过程，进而了解专业价值的联想带来的结果。这个案例中的故事发生在我去上海和主办方谈完展会合作之后。

案例 3-2 运用专业价值解决问题

当时和主办方谈完展会合作之后，我去现场看其他展位的情况，想以此做做行业调研。这时，我留意到一个商户是做架子鼓教育的连锁公司。他们下午要开一个小范围的招商会，正在现场发宣传单邀请人参加，我通过海报了解到以下信息。

他们在半年间新开 125 家连锁店，创始人的背景和主要经历是：某省政协委员、某知名教育平台校长，从 0 到 1 完成搭建学校、人员招募和培训，并带领该学校 200% 超额完成营收指标，获得总部全国优秀团队的年终嘉奖；具有公派宾夕法尼亚大学沃顿商学院学习的经历；曾担任另一家国内知名网校的总经理，操盘实现年营收 2 亿元。

接着，我报名参加了他们的招商会，一是想和他们的创始人学习一下；二是想看看他们招商会的具体情况。

招商会在展会旁边的会议室举办，参加招商会的人加上我一共8人。台前站着的是联合创始人，也是架子鼓老师，在招商开始时他讲了架子鼓教学的内容。我听了20分钟左右，认为对我没什么价值，就准备走。

这时，坐在台下的海报上介绍的那位创始人看见我要走，就主动上来问我是做什么行业的，想与我交换名片。我说："我是做全领域销售咨询的。"他说："那太好了，我正好对这个感兴趣，你稍等一会儿再走，我们是否可以在招商会结束之后交流一下？"我说："一会儿你会上台讲吗？"他说："是的。马上就到我了。"

因为我的想法是了解一下这位创始人是如何做到此业绩的，以及加盟行业的情况，那么既然受到了他的邀请，我就决定留下来，再听听。

但这一听就是4个小时，这其中的等待已经不是为了向他们学习了，因为我看到了他们许多招商上的问题。

我想着一会儿结束后，要和他交流一下。

不出所料，经过听众几次询问和他们的几次解答之后，现场没有成交，听众都说要再考虑一下。就连创始人第二天参观公司邀请，也没有人响应。

招商会结束之后，我们坐下来交流，一开始，他问我销售领域的经验，我们对话还没超过3分钟，他就和我说："你看起来很自信啊！你来做我们的大区经理怎么样？"

他竟然要招我，我回复他说："不能。"他说："我们的待遇是很好的。"正在这时，看门大爷进来说要关门了，示意我们离开会议室。

他看我没有想做他们大区经理的意思，加上会议室要关门，就准备结束这次谈话。

但我直接和他说："我们拿30分钟的时间去旁边找个咖啡厅聊聊吧，因为我听了你4个小时的招商会，我知道你这次招商会没有转化的原因及改变办法，这会对你公司发展很有帮助。"

他没想到我会这么说，但看着我很自信，招商会又的确没有成交，就说："好的，我们去找找哪里有咖啡厅。"我们出门之后，在展会门口不远处找到一家咖啡厅。我们走到前台，他给我点了杯咖啡，还给我点了份瓶装的鲜榨果汁，要我一会儿拿走喝。

我们找到地方坐下之后。我拿出纸和笔，和他说了他们招商会上的销售问题所在，直接给他做了一次现场招商会的**销售诊断**[①]，包括招商会的时间节奏安排、他和联合创始人这两个不同的角色对商品的展示情况、潜在客户提问时的回答方向等。

从我们去咖啡厅之前他并不知道我具体要和他说什么，到我给他做诊断不到10分钟，他在态度上就有了变化。他坐得笔直，把椅子拉向我这边，生怕漏掉我说的每一句话，随着话题的深入，他变得紧张起来。

---

① 销售诊断是我做销售咨询时的前期工作，也是我开发的一套销售诊断系统。具体来说就是，在与他人进行销售、谈判、沟通等的场景下，通过对话互动，发现目前所存在的销售本质问题。倾听并了解当事人的经历，帮助识别他们目前的实际境况，找出销售中不成交或延时成交的问题所在，列出导致该问题的根本原因，判断分析转化率、客单价、客单量、客户流失率、销售周期等方面的根本问题症结，并给出解决方案。

30 分钟的沟通结束之后，他通过我的销售诊断，得知了他们的本质问题及解决办法。他向我发出邀请，让我给他一份培训报价单，并请我去他们公司为他们团队培训。

我说："这次行程，我仅在上海留一天，没有在上海发展的计划。"他说："我回去和另一位创始人安排一下第二天的时间，请你留出时间先给我们上海的公司做一次培训，哪怕是 3 个小时也好，我们很需要你。"

我接受了他的邀请，在第二天下午，给他们做了一次培训。在培训结束之后，他和他的联合创始人都很感谢我，说请我一定多来上海这边，他们很需要我为他们提供专业支持。

这样的一次相识，不仅使他成了我的客户，我们也成了好朋友。

【解析】

如果我认定你是需要的，我就会毫不犹豫地给出我的专业价值。

我们在任何环境之下，首先都要想到可以向优秀的人学习什么，其次要看到自己能给予他人什么价值。在这个案例里，进行专业价值上的联想，始于我看到他们半年内的业绩以及创始人优秀的行业背景，我抱着学习和调研的态度参加此次活动，是本着不浪费自己时间的初衷参与的。

在这个过程里，我发现了他们的销售问题，以此来链接自身专业价值，于是创造机会给他做销售诊断。

在这个案例里，你可能会问到一个问题："为什么他知道你不能做大区经理，觉得可以结束对话之后，你却可以直接提出诊断（链接自身专业价值）的邀请？为什么不害怕对方拒绝呢？"

现在我们来分析一下，在什么情境之下可以直接提出可链接自身专业价值的邀请。

比如，我在本案例中，直接邀请对方做"销售诊断"。在链接自身专业价值之前，针对你在任意场域中所接触的人，你可以做以下识别：

- **身份识别：**他们是某个项目的负责人，同时身居一线。
- **实战识别：**他们自身有显赫的业绩，有实战经验，或者他们是投资人，但自身没有业务上的实战经验。
- **价值识别：**他们位居高位，拥有慧眼识人的本领，清晰、明确的商业及人才价值。
- **发展识别：**他们重视战略发展，目标明确，精进、敬业。

当我们所接触的人与以上 4 点吻合时，你就可以直接向对方说明你的专业价值、能给到对方什么，并明确你们的交流时间。

不用试探，不用小心翼翼，不用过多介绍自己的公司或业务实力，只需要说出你能给予对方的价值即可。

因为满足以上 4 点，意味着他们非常重视自己的时间，所以你在和高价值的人对话时，你的语言要直接、明确。

如前文所讲，我说的是："我们拿 30 分钟的时间去旁边找个咖啡厅聊聊吧，因为我听了你 4 个小时的招商会，我知道你这次招商会没有转化的原因及改变办法，这会对你公司发展很有帮助。"

在这种场景下，考验的就是你是否在专业领域内足够专业。不要自认为"我很专业"，却陷入"我没有客户"的懊恼情境里。

当我们学会方法之后，能否拥有更多客户就更多地取决于你的专业价值。因此，你要不断修炼自己的专业能力，在你遇到的场域内、所接触的人群中，但凡有涉及你专业范围的需求，你就能挺身而出，奉献出专业价值，**这就是你与他人交谈时获得勇气和机会的前提。**

3.4 同一行业内的专业价值联想

案例 3-3　一次转介绍

这个故事发生在我跨界转型做全领域销售咨询初期。

我有一位客户出生于 1993 年，她家里投资 200 万元，给她开了一所化妆学校。她性格羞涩内敛，会技术，但不懂经营。

有一次，我们在咨询结束之后，她和我聊起她在和我学习之前，报名了一家知名机构接受口才和演讲培训，花了 2 万元学费。

我想到这家机构的客群的消费水平，也符合我的客群定位，我可以和他们谈一下合作。

于是我在大众点评上搜索了一下这家机构的名字，了解了这家公司的主营业务和背景。

我发现他们在国内有众多连锁店，业务上不仅有口才和演讲培训，也有销售培训，于是我和她说："我能和他们公司合作呀！你认识他们公司的负责人吗？"她说："我不认识他们的老板，他们的老师也在不同城市，但我认识向我销售课程的人，她总和我聊天。"于是，我和她说："你帮我引荐一下吧，你就给她发微信说'我有个老师想要认识你'，让我和她互加微信，剩下的我和她聊就行。"

当我和这个销售人员加上微信之后，我发现她是他们公司的销售总监，我就直接说出了合作想法，并约了见面时间。

第二天，在我们即将见面的时候，正好赶上他们老板刚回沈阳，她和我说他们刚和其他公司谈完合作，正要往我这边来，问我是否和他们老板一起见个面。于是我们约在一个茶室的包房里见面。

在见面的 5 分钟内，他们老板就给我转了 3000 元咨询费，让我给这个销售总监做一次销售诊断，我就请他先离开了。在诊断结束之后，这个销售总监表示要和我深入学习，报名了我的课程。后续，我和他们老板建立了深度合作，他不仅让核心团队成员和我学习，还邀请我给他们的客户做销售培训，取代他们之前的老师。同时，还给我引荐他们长期合作的"××读书会"负责人，与我链接深度合作，帮助我大力做背书。在结识之后，我帮助这个读书会做销售运营诊断，她们又帮我组织了多场销售线下活动，帮助我做品牌推广和课程销售。

在解析这个案例之前，我们先来思考一下以下问题。让我们学习以不同的视角观察人和事，并掌握做事细节，这会对你拓展销售渠道有很大帮助。

【小练习】

(1) 为什么我会想到同行业之间也能合作？你从中可以学习到的核心内容是什么？

_____

_____

_____

(2) 为什么当我的客户谈此事时，我没有让她给我做背书或帮助我做介绍，而是仅仅让她推微信号？如果是你，在此情境中，你会怎样做？在做的过程中需要注意些什么？

_____

_____

_____

(3) 他们的老板在和我见面 5 分钟之内就给我转账，请我做销售诊断，之后为什么我请他离开了，而不是直接谈合作？如果是你，在此情境中，你会如何做？如何让对方初次见面就能信任你，并愿意为你的服务付费？

_____

_____

_____

(4) 为什么后续产生了深度合作，他愿意创造机会给我，让我取代原有的销售培训老师？如果是你，会在一次见面之后就产生与对方后续的深度合作吗？

_____

_____

_____

请带着这 4 个问题看解析部分，把自己置身于此情境中，边学习边思考。

【解析】

(1) 为什么我会想到同行业之间也能合作？ 口才和演讲训练是为了提高语言表达能力。为此有人能花 2 万元的学费，这说明他们的生活水平和实际场景需求都较高。这家机构的主营业务是口才和演讲培训，不是销售培训，这意味着销售培训至少不是他们的核心竞争力。

因此，在客群匹配的前提下，我可以去链接合作机会。

把这条解析放在你的行业中来思考，在同一类目标客群下，当他人经营的公司品牌实力强、营销投入大、公司所在地段好等各种硬件实力都很强的时候，我们就可以以自身产品的核心竞争力和专业价值的软实力去做匹配链接，这样三方都会实现价值最大化。

你可能会问："咦，不是双方吗？怎么是三方呢？另一方是谁呀？"

合作是双方关系，客群是第三方。作为经营者来说，如果软硬实力都强，那么实现利益最大化的不仅仅是商家，更是被满足了利益的消费者。如果消费者的利益可以最大化，那么商家的利润也会成比例地增加。

因此，你可以大胆地去利用专业价值，创造与同行业的合作链接。

(2) 为什么当我的客户谈到此事时，我没有让她给我做背书或帮我做介绍，而是仅仅让她推微信？

这里涉及的问题是，**你要明确，信用背书只有建立在几个关键因素上，才能在转介绍时起到重要作用**，这几个因素分别是：

第一，个人品质优良；

第二，个人影响力大；

第三，他们本身关系良好；

第四，介绍人的个体需求及意愿强烈；

第五，被介绍的人值得被介绍。

通过这 5 点我们就会发现，在此案例中，这个女孩是不符合第二点和第三点的。

因为我是这个女孩的老师，她和我关系很好，但她和那个培训机构之间仅仅是消费者与商家之间的关系，她认识的是销售顾问，**属于关系里的弱链接。**

同时，她的性格内敛羞涩，没有社会影响力。基于此，即使她非常想要帮助我做介绍，也未必可以说得清楚。（一旦在进行专业上的链接时没有说清楚，就会降低对方的期待值。）因此，我只需要她帮助我简单地引荐一下："我有个老师想要认识你，加个微信就行。"

这里的重点是，我们不要把自己的事变成别人的负担，因为这是你自己的事情，不要理所当然地让他人去做你分内的事。

(3) 他们的老板在和我见面 5 分钟之内就给我转账做销售诊断，之后为什么我请他离开了，而不是在难得见面的时候去谈合作？

还记得在案例 3-2 中，我和你讲过初次见面的时候要首先做识别吗？

这个案例中的培训机构老板与案例 3-2 中的创始人的不同点在于实战识别那一条，我们先来重新回顾一下。

实战识别：他们自身有显赫的业绩，有实战经验，或者他们是投资人，自身没有业务上的实战经验。

可以看到，案例 3-2 中的创始人既是投资人，又有一线实战经验，而这个案例中的老板是投资人，没有业务上的实战经验。但他们都身居一线，位居高位，重视组织发展。

因此，他们都需要真正的价值，并且他们重视时间。

那么，在进行了这个识别的基础上，我们还需要建立一个可以链接合作的视角。

这个视角是指，在首次见面时，如果对方有希望和你合作，你要思考的是谈判路径。

问题一： 你们合作的基础条件是什么？

问题二： 对方和你见面的最直接诉求是什么？

问题三： 你额外能给出的超出对方预期的价值是什么？

当我们想清楚这 3 个问题之后，合作建立起来就会容易许多。无论是销售还是合作，以上问题都适用，现在让我们一起来练习一下。

【小练习】

问题一：你们合作的基础条件是什么？

在做一件事时，我们要思考彼此合作的基础条件是什么。在没有满足基础条件的情况下谈及其他只会将销售周期拉长，且即使成功建立合作，合作关系也并不会长久。

为什么呢？因为建立合作关系最基本的条件是"互惠"。

你至少要保证对方的利益不受损失，此处的利益包含对方的品牌价值和背后的成本。如果贸然合作造成的影响或损失远超合作带来的利益，大部分人是不会考虑合作的。

因此，我们在平日为人处世时，以及在向他人销售产品、进行谈判和合作时，首先要以人为本，对自己的专业价值精耕细作，接下来要考虑的是他人利益，最后才是我们的收获，不要颠倒顺序，或者不重视第一点。

当我们清楚前提条件之后，就可以明确合作的基础就是：共创价值、合作共赢。这可以分为 5 点来看待，分别是：

(1) 你自身的业务及专业价值；

(2) 对方的品牌和影响力；

(3) 共同的客群；

(4) 双方的组织架构发展；

(5) 彼此的性格。

问题二：对方和你见面的最直接诉求是什么？

比如在本案例中，对方和我见面，第一时间考虑的是什么呢？我是谁？我能给他带来什么？这两个问题其实是表面问题，他们通常更直接关心的是，我

<u>能给他们带来多少客户流量</u>。这也是他能来亲自见面的原因。

也就是说，对方的直接诉求就是建立合作以获得更多的客户流量。

而我和他们合作也是想要获得客户流量，这时看起来就很冲突，对不对？你会想，既然大家都想从对方那里多获得一些客户，而我又处于创业阶段，拿什么去和他们交换或者抗衡呢？条件也不匹配呀！这该怎么办？

其实，在看似冲突的情况下，我们只要探索深层次的本质，就能建立合作。

问题三：你额外能给出的超出对方预期的价值是什么？

在考虑能够给到对方什么超出预期的价值时，**我们需要先清楚他们的实际运营情况等背景信息**。

因为当你并不知道对方想要什么的时候，就不能精准地给到他们，且极容易让你所谓的付出偏离中心。这不仅影响你们建立合作，更重要的是，在初次见面时，这会导致谈话节奏较为舒缓，浪费时间，同时也会削弱个人价值，所以你要清楚，在给予之前，精准识别是很重要的。

现在，我带你从另一个角度来思考一下。还记得本案例中的老板是一位投资人，他没有业务上的实战经验，但他极其重视组织发展这件事吧？

对方没有业务上的实战经验，他在投入资金之后，该做的都做了（此处指办公地点、人员架构和营销广告等），我们在原有客户流量的基础上，来思考几个问题。

- 他们的销售团队的转化能力怎么样？
- 他们的销售团队一定会以最大的客单价成交吗？
- 他们的复购率和销售周期如何？
- 他们的销售团队管理得如何？

总之，他们目前的销售人员的能力是一定有提升空间的。

当我给你解析了背后这些客观存在的因素后，你就可以明白，我和对方建立合作的方向首先是提高他们核心销售团队的能力，然后才是建立业务上的合作。

这个视角我们在前面强调过，这里复习一下。

第一，我的专业价值是什么？

第二，我的专业价值可以解决他人什么问题，为他人创造什么价值？

第三，我的专业价值可以让他人在什么样的具体情境下使用？

第四，我要怎样利用专业价值与对方建立合作关系？

在每次合作时，你都要进行自身专业价值上的联想，这会让你拥有运用自如的能力，让你在沟通时更自信。

在我们了解以上内容后，在建立合作时就要把自身的专业价值直接传递出去。

在本案例中，一见面我就直接在几句寒暄之后向对方做了自我介绍，并简单介绍了我之前的业绩，可以看出，对方对我说的内容很感兴趣。

我同时重点说明了我在所从事的全领域销售咨询领域中的核心竞争力，以及我研发的销售诊断系统的具体价值。比如，通过销售诊断系统可以找出销售中不成交或延时成交的问题所在，列出导致该问题的根本原因，判断分析转化率、客单价、客单量、客户流失率、销售周期等方面的症结，并给出解决方案。

我和他说："因为影响销售业绩的因素不仅仅在于流量的多少，也在于转化率、客单价、销售周期和复购率，所以虽然我们是首次见面，但在展开合作之前，我更希望先帮助你们的团队做一次销售诊断。我可以通过这次诊断，找到你们销售团队中较为薄弱的部分和你们销售中影响业绩的本质原因及提高业绩的办法。那时，我们再谈合作。这是最好的选择。"

他说："那你能给我的销售总监先做一次诊断吗？要怎么付费呢？"我说：

"可以，3000 元 1 小时。"于是我们当场加了微信，他一边给我转钱，一边问我是否可以在这听。我说："因为在诊断的过程中，一对一对话[①]会有更深入的互动。此次诊断结束之后，我会出一份报告给您。我再和您单独约时间，我讲给您听。"

他和他的销售总监说："那你要好好和邦尼老师学习，我先走了。"

(4) 为什么我们后续产生了深度合作，他愿意创造机会给我，让我取代原有的销售培训老师呢？

第三天，我们约好在我的工作室见面，当时我们就坐在两把小竹椅上交谈，由于当时我正处于跨界创业初期，硬件环境一般。他一边听我说话，一边对我的专业价值和实力感到惊讶，他环顾四周之后感叹道："我怎么感觉一个大咖坐在一个小庙里呢！"

在谈诊断结束时，他当即就支付了接下来核心团队学习销售的学费。**在付费时，我提出了两个要求。**

- "为了节省我的时间成本，核心团队必须要来我这里学习，而不是我去您公司教学。"
- "在学习过程中，您必须亲自参与。因为您现在负责一线，却没有一线实战经验，这就比较难从公司销售团队的汇报中看出真正的问题，所以您需要学习。同时，您在旁听的过程中，能更好地了解团队的实际成长情况。"

因为他看到了我的价值，所以我们定好接下来的上课时间，他第二天就带着核心团队一起来我这里学习。一次销售课程结束之后，我们建立了后续的深度合作。

[①] 一对一对话可以提供坦诚、自由发言的安全环境，也为当事人提供了更多提问的机会，能够深入解决问题。

看完以上案例，我再给你解析 3 个问题。

第一，为什么对方没有讲价或提出让我免费为他们做一次销售诊断呢？

原因如下：

- 我在交谈中自信和专业的态度；
- 明确对方真正的需求，所以我每一句话都说到了对方心里（洞悉心理远比主观介绍有用）；
- 他是同行业的经营者，也是爱学习的人，所以清楚这是需要付费的；
- 付费后，得到的价值会更大；
- 出于目前经营的需要以及我所提供的价值的稀缺性。

基于此，对方越是高价值群体，就越具有赏识价值的能力，所以他就会直接为此付费。而我之所以没有给他们首次免费，原因也在于我的价值本身。如果在你们初识之时对方给你钱你不要，那么首次销售谈判就会缺失平衡，无法让对方对你产生信任。

对方能够在第一时间付费，以及你能够接受对方在见面几分钟内就赏识你的价值，这些都基于你的实际能力。

第二，为什么第二次见面是对方来我的工作室，而不是我去他们公司？

因为当天我不仅在做完销售诊断后出了一份报告，还在提前告知接受诊断的销售总监的情况下做了一份录音。我先把报告和录音发到了他的邮箱，他看到报告并听完录音之后，发现那位销售总监的问题被我在一个小时内就解决并突破了。这是他在带领团队时不能做到的，也是非常急需的。

因此，对他而言，合作不合作已经没有那么重要了，重要的是，他明确了我可以解决他们目前最重要的问题，即现有流量之下的转化率、客单价和销售团队管理方面的问题。

看重我的实际价值，也是他能够主动来拜访我的原因。但为什么我的工作室很小，我却不太在乎呢？

这也是在告诉你，在创业初期，硬件实力不强并不丢人。

重点在于，我们的视线焦点在哪里，如果你真的足够专业，能够解决他人的问题，那么真正需要此价值的人，并不会太注重外在的部分。

因此，你在从事销售工作初期，也不要因为不具备硬件条件而缺失寻找客户的勇气。

第三，为什么在对方付费时我能够提要求，对方还同意我的决定呢？

因为这符合我的实际情况，我提供咨询服务的时间成本较高。另外，他在销售团队管理方面，大部分是听团队内部的反馈，他本人并不清楚业绩不稳定的真正原因。而当时对于他们公司的发展运营来说，业绩稳定是非常重要的。他为遇到我而感到很幸运，所以对于我提出的"小要求"，他自然会接受。

在实际的销售拓客或销售情境中，你可以通过提建议和提要求，来更进一步达成信任关系。

如果你不敢提要求或任何建议，在沟通中不敢直接说出问题本质，不敢创造价值，而是急于推销自己的产品或迎合他人，那么这样的态度并不会让你得到他人重视，也不会为你赢取更多机会。

综上所述，我们要注意以下 4 点：

- 要持续提高自身的核心竞争力；
- 懂得识别对方的真正需求；
- 第一时间想到给对方提供价值；
- 敢于谈条件是以服务能力和专业水平满足对方的实际需求，且超出对方预期为前提的。

3.5 潜藏在对话里的专业价值联想

我们日常的人际关系里自然会存在交谈。无论对方是什么身份，在你和他的交谈中，都潜藏着能够让你与其建立人际关系、增加信任、获得好的口碑和更多潜在客户的机会。

你一定想知道，如何在非销售状态下拓展客户渠道呢？现在我们一起通过以下 3 个场景的案例来看一下。这 3 个场景是你在日常销售和拜访时经常会遇到的，非常有代表性，分别是：

(1) 日常社交场景；

(2) 商务社交场景；

(3) 拜访客户场景。

现在让我们把视线聚焦在这样一个情境中：你和一个陌生人在某个场合相识，你们在刚刚认识的时候，为了了解彼此，自然会延伸一些话题，或者互相交换自己的想法。而在这些"初识信息"中，就潜藏着隐性的拓客机会。

我们先来看一下识别"初识信息"的重要性。

在这里，"初识信息"是指双方在第一次见面交谈时出现的个体信息。

透过这些信息，你要识别出初次交谈里的基础寒暄是赞美还是需求。只有在精准识别之后，你才能够更好地链接关系。

我们来看 3 个案例。

(1) 日常社交场景下的初次交谈。

案例 3-4　对我职业感兴趣的画家

有一次，我的好朋友带她的一位画家朋友和我一起喝下午茶。在我们见面之前，这位画家朋友就听我的好朋友介绍了我是从事销售教育行业的，所以一见面她就立即和我说："邦尼，你销售做得好，我就不懂销售和营销，可以说一窍不通，我需要你的指点，你给我讲讲呗。"

(2) 商务社交场景下的初次交谈。

案例 3-5　来自商务饭桌上的请教

有一次，在我给一家公司做内部销售培训之后，他们公司的老总请我吃饭。那是我们第一次见面，在饭桌上，他和我聊天，说："邦尼老师，您对团队管理的看法是怎样的？您认为怎样才能把团队真正培训出来？我带了 20 多年的团队，我觉得这个是很难的。"

(3) 拜访客户场景下的初次交谈。

案例 3-6　拜访客户时的故事

一位上市公司的 CEO 请我去他们公司参观，并洽谈公司内部销售培训的事情。那是我和他初次见面，在我们见面后，我看到他的身体状态不佳。

我说："我们先不谈销售培训的事情。我们找个茶室，先谈谈其他的事，会缓解你的状态。"他感到很疑惑，说："我现在在住院呢！医生也没查出来是什么问题，就说让我静养。我没什么大碍，还是先谈销售吧。"

以上 3 个场景中的交流，在我们日常工作中是非常常见的。

因为在你与他人初识时，你们之间所谈及的话题就会创造关系的链接。但如果你仅仅将这些话题作为聊天的内容，并没有在意，那么就很难通过交谈树立你真正值得信任的职业印象、展现专业价值，并建立真正值得信任的社交链接。

如何在一次对话中让你成为他人生命中较为重要的朋友或让他人成为你的客户呢？这与你怎样聊出自己的观点和见解有关。

这里有两点需要我们掌握：精准识别信息，确定对方真正关心的问题；安排特定时机，创造专业价值展示空间，深入交流。

在你与他人初识时的寒暄交流中，对方一定会或多或少地问起你行业相关的事情，如何回答要看对方是谁。

在社交关系里，有一条原则是：你对他人的价值有多大。

注意，此处的价值是有时间节点的，在你们初次相识的沟通中，在越短的时间内，你体现出的解决问题的能力越强，你给他人的感觉越舒适，你在人际链接中的价值越大，他人就越愿意与你相处。

比如，无论你是在第一次见面就给到他人价值，还是虽然与对方相识多年但每次见面谈的都是无关紧要的话题、于他人而言价值不大的事情，还是虽然与对方认识但很难顺利邀约，这都与"你对他人的价值有多大"有关。你对他人的价值有多大，决定了你与他人之间所形成的人际关系链接的强弱和客户转化能力的高低。

在听我分析案例时，**请你思考与自己有关的社交情境。**

假设你与对方初次见面，当对方对你从事的行业提出评价或问题时，你的回应需要考虑到以下 5 个问题：

(1) 你是否了解对方真正关心的问题是什么？

(2) 你怎样才能真正了解？

(3) 在了解之后，你如何区分对方表达的是赞美还是需求？

(4) 在确认之后，你要如何说？如何做？

(5) 你是否要立即展开销售？

下面我将为你详细分析。

3.6 日常社交场景下的关系建立

首先来看看日常社交场景中的初次交谈，此处还原一下案例 3-4 的内容。

> 有一次，我的好朋友带她的一位画家朋友和我一起喝下午茶。在我们见面之前，这位画家朋友就听我的好朋友介绍了我是从事销售教育行业的，所以一见面她就立即和我说："邦尼，你销售做得好，我就不懂销售和营销，可以说一窍不通，我需要你的指点，你给我讲讲呗。"

在此案例中，你可以换成你的行业或专业，比如对方和你说："你是做什么的啊？""这个职业看起来很不错啊。"

首先你要区分，在这个情境中，对方的寒暄是赞美还是真正的需求？

如果你不知道，那么你就极有可能直接回应对方，进而展开详细的介绍或者"教"的动作。虽然你的回答是针对对方感兴趣的问题，但是这里的细节需要注意，那就是你所答内容的层次深浅、描述时间的长短，都至关重要。

你在任意一个关系里的表现，都会让他人形成对你的专属印象。这无论是对在日后的人际关系中他人是否愿意与你成为朋友，还是在你拓展客户渠道时能否得到他人信任，都非常重要。

因此，是否明确对方的意思是赞美还是真正的需求，决定了你的回答方向。

为了明确对方是真想了解还是只是找个话题，或者故作谦虚，你可以借此去问对方一个问题，通过这个问题来了解对方对你的信息的真正关心程度。如果对方真的有需要，你就可以就此和对方进行有针对性的分享；如果对方不是真的需要，那么你就要找到对方感兴趣的话题去聊，把谈话焦点放到对方身上，这会让你们的关系更好。

这段话的重点是：

- 明确对方的意思是赞美还是真正的需求；
- 如果对方真的有需要，你就和对方进行有针对性的分享；
- 如果对方不是真的需要，你就找对方感兴趣的话题去聊。

现在我们知道了明确对方意思是赞美还是真正的需求的重要性，再回过头来看这一句："邦尼，你销售做得好，我就不懂销售和营销，可以说一窍不通，我需要你的指点，你给我讲讲呗。"

那么，该如何回应呢？

首先，礼貌地回应对方："谢谢你××，我听说你画画非常棒啊。"（××可以是对方的昵称，而不是对方的姓名，不要让彼此有距离感。）

同时回问对方两个问题，表示对对方的关注和兴趣，用自然和稍微热情一点的语气问对方："你目前画的是什么类型的作品呀？""你目前的经营模式是怎样的呢？"在得到她的具体答复之后，我们就可以看出来，她是否真的需要我的专业支持。

小提醒：关于"你"或"您"的使用

在对话中使用"你"还是"您"，取决于你们的关系、对方的年龄和实际身份。比如日常朋友之间的社交关系，就不需要太过于正式，所以不需要使用"您"。

第一个问题"你目前画的是什么类型的作品呀？"的目的是，对对方有基础的了解，根据对方回答的热情程度和详略，来辨别对方对向你请教的问题的重视程度。

第二个问题"你目前的经营模式是怎样的呢？"的目的是，根据对方回答时的态度是认真还是敷衍，来判断对方是否真正需要"销售指导"等话题的介入。

当我们在回复对方的同时提出这样的问题，就可以在与对方的对话中找到方向。

比如在此案例中，她很热情地介绍自己的画风和作品风格，还主动给我看她的许多作品。同时，她说："我没有怎么经营，是我父亲有渠道，我只负责画。客户一般都预约，而且几乎每年都能排满。"

听到这样的回答，我们就非常清晰了。她非常热情地给我展示自己的画作，这个动作是出于对我的重视。其次，她回答预约可以排满，这就表明她对销售的关心是一个**假需求**，只是初次见面时的一种**谦虚的赞美方式**而已。

因此，在回答之前，精准地确认方向，明确对方的意思是赞美还是真正的需求，这一点很重要。

如果你不知道他人的真实情况，对方一提问，你上来就做解答，这就会让距离变远。而当你通过简单的问题进行详细了解之后，你就知道他人真正关心的点在哪里，并据此来决定谈话的方向，这样你们的关系就会瞬间被拉近。

现在我们来看一个反面案例。

案例 3-7 着急销售的 A 先生

A 先生在朋友圈发了 9 张图片，并配上文案："这是我们公司的不老女神，她已经 52 岁了。"图中的人无论身材还是眼神，看起来说是 25 岁也不为过。E 女士看见之后感觉很惊讶，就在他的朋友圈评论了一下，说："这太年轻了。"

接下来，A 先生就给 E 女士连着发了 15 张该女士的照片，并配上 6 条 40~60 秒的语音信息，介绍说对方是自己的老师、她目前在哪个城市、她为什么年轻、她改变前后的对比、她吃了什么产品、现在这个产品有优惠……

E 女士通过微信语音转文字功能看了一下对方说的话，为了避免对方继续打扰，赶紧回复他说："我只是觉得她很年轻，你没必要发这么多条吧。"对方回应道："不好意思。"然后就没有继续发信息了。

在此我们要清楚，我们不要在任何人际关系里，只要嗅到一点点"对方可能感兴趣"的气息，就迅速展开对自己行业的详细介绍，向对方销售产品。

你要明确对方的真实需求，与对方建立好关系。让他人接纳你、认可你、尊敬你，和你成为朋友，这比成交本身更重要。更何况你明知道他人没有此需求，还一味地去销售，这只会增加他人的反感。

接下来，我们来看看在商务社交场景下，初次见面交谈时的对话。

3.7 商务社交场景下的专业价值

有一次，我给一家公司做内部销售培训之后，他们公司的老总请我吃饭。那是我们第一次见面，在饭桌上，他和我聊天，说："邦尼老师，您的销售课讲得太精彩了。我想问您，您对团队管理的看法是怎样的？怎样才能把团队真正带出来？我带了 20 多年的团队，我觉得这个是很难的。"

以上这个案例的情境信息，是赞美还是需求呢？

首先，我们要识别 3 个信息要素：

- 你们展开对话的地点；
- 对方的身份；
- 对方对所谈问题的认知程度。

如果你的内心并没有想过要去做情境分析，而是直接做出回应，那么你就会错过机会。这种机会就是你较为关心的潜藏在对话里的拓客机会，也是建立深度链接的机会。

通常你会想："我为什么没有那么多客户？什么时候才能有客户主动来找

我呢？"可是当机会来临时，你却没有发现或抓住，问题可能出在以下三个方面：

第一，在各种场景下缺乏机会意识，错失发现机会的可能；

第二，未满足他人某个特定需求信任关系未建立；

第三，在重要场合，面对他人的权威，回应略显紧张、不够放松，导致自身价值体现得有失专业。

我们来分析一下这个案例中的情境脉络：我讲了一个课程，对方请我吃饭，自然产生话题，进行交流。当我不展开分析的时候，大部分人遇到这种情况就会自然地在饭桌上直接回应，自己是如何看待团队管理的，并展开介绍把团队带出来的经验。

这时的重点是，我们要进行上文提到的 3 个信息要素的识别。

- **我们展开对话的地点：**餐厅。
- **对方的身份：**某公司负责人。
- **对方对所谈问题的认知程度：**有 20 年的行业经验，自己在这个领域中有实战经验和独到见解。

当看到这些信息时，我们就要留意，在这个对话中，看起来是"赞美"的交流信息之下，有可能存在对方"真正的需求"。

但这个需求是隐藏起来的，你要辨别其是否真正存在。

如何辨别呢？一要看对方对此事的重视程度，二要看你是否拥有解决此问题的能力。

那么，再看案例中的情境，对方是一家公司的负责人，交流的话题是和我们双方都有关的行业信息。

他说："邦尼老师，您的销售课讲得太精彩了。我想问您，您对团队管理的看法是怎样的？怎样才能把团队真正带出来？我带了 20 多年的团队，我觉得这个是很难的。"

对方有 20 多年的行业经验，既然他说"这个是很难的"，你就可以结合对方的职业身份，来识别目前他在该领域中的潜在诉求。我们在前文讲过 4 个识别，还记得吗？

越是关键项目的负责人，越重视时间和交流的价值。

一旦你根据这个情境中的信息明确对方存在潜在需求之后，你的回答方向就清晰了。你要找到安静的场所和相对充裕的时间，询问对方在此问题上的真正做法，并给予自己的专业价值。

如果你不能做到"初识信息"的精准识别，那么你就会错失这次展现个人专业价值的机会，让交流只停留在"饭桌上的聊天"层面。

因此，一旦你识别出对方存在潜在需求，**那么你的回应就要暂停一下，找到安静的场所和充裕的时间做经验交流，这样会让话题更深入，以解决问题的视角，建立关系链接。**

为什么安静的场所和充裕的时间很重要？

因为我们在做销售展示时，以及在建立人际关系时，都会交流信息，但如果不是在一个较为安静的场所，或者没有特定的交流主题，就不仅会让话题过于分散，还会使谈话过程受到环境的干扰。

比如，在本案例的情境中，我们所处的环境是餐厅，那是当地一家有名的意大利餐厅，餐品很出色，但没有包房。

在这样的环境中，有其他就餐的客人说话的声音、上餐时服务员介绍餐品的声音、餐厅里的音乐声等，这些都会对对方造成干扰。

比如，对方在听你讲话时注意力会因为就餐而分散，因为你们并没有针对该主题进行深入探讨的统一想法。

因此，你在和他人沟通时，一旦识别出对方身份下的潜在需求，你就可以链接专业价值，此时，你就要做出邀请，另找时间单独和对方沟通。

**小提醒：不要担心对方不会再给你机会，而直接在当场
就开始讲述**

当你所识别出的问题对对方非常重要，并且你的专业价值恰好
能够满足其需求，就不要担心对方不给你机会。因为你是站在
以你的专业来解决问题的角度，而不是销售产品给对方的角度。
当你能够有利他心态的时候，就无须过多担心对方内心会怎么
评价你。

我就直接发出了邀请，问对方："一会儿吃完饭您是否有其他安排？我们
花 1 个小时来探讨团队管理的事情，我可以给您分享一下这方面的经验。您看
如何？"

对方一听我这样说，就立即回应我，说："好啊。"我接着说："那我们
用 30 分钟把饭吃完，就去酒店的会议室聊吧。"于是我们接下来的话题就聚
焦在饮食文化和城市风情上了（因为当时我是去他们所在的城市出差）。

后续我们在酒店会议室，展开了 2 个小时的对话。对话的过程实际上就是
一次领导力诊断，在这个过程中，我深入了解了他是怎样做团队管理和销售培
训的，并针对其团队管理中存在的问题，说出了我的想法，给到对方直接的解
决办法。对话结束后，他很高兴地邀请我定期给他们的核心团队做领导力培训
和销售管理培训。

这就是我给他做领导力诊断之后的结果。后续，在我给他们团队讲课及报
价的时候，从未出现过销售中讨价还价的问题，直接就是以我的时间为主，我
来定主题、内容，我来定价格。这就是专业价值深度体现之后的自然结果。

以上内容就体现了安排特定场所和时间充裕的重要性，因为这样可以让你
的专业价值得到更好地体现，你们可以更加专注地进行交流，集中解决问题，
达到事半功倍的效果。

但如果你没有在对话中做到精准识别、掌控话题的方向、明确回答的深入程度，同时环境中存在干扰，当对方在饭桌上谈及销售管理的问题时，你没有发出特定邀请，那么就不会迎来对方深入了解你的机会。

因为每个人都会有自己的认知，所以如果你不能在短时间内发现对方的潜在需求，针对对方亟须解决的问题提出更好的办法，就无法真正激发对方的需求。就本案例来说，我们的谈话也就**仅仅是一次宴请后的礼仪性聊天了**。

我们要清楚，对方越是高价值的人，你越专业，在拜访和交流中你获取的机会就越多。在同样的行业竞争下，**最稀缺的反而是你的执行力，你能够给他人带来的真正有效的专业价值**。

3.8 拜访客户场景下的初次交谈

在下面这个案例中，我们将重点看非语言情境中隐藏的展示个人专业价值的机会，学会此处的"观察"能力，会让你在短时间内与他人建立关系。

我们先来看案例。

> 一位上市公司的 CEO 请我去他们公司参观，并洽谈公司内部销售培训的事情。那是我和他初次见面，在我们见面后，我看到他的身体状态不佳。我说："我们先不谈销售培训的事情。我们找个茶室，先谈谈其他的事，会缓解你的状态。"他感到很疑惑，说："我现在在住院呢！医生也没查出来是什么问题，就说让我静养。我没什么大碍，还是先谈销售吧。"

这个案例是要向你说明，在你所接触的各个场景中，你要学会做情境人物要素分析。当你不断训练这个能力，就更容易与他人建立信任关系，从而赢得更多机会。

在你以后接触的各个场景中，可以通过以下 5 个问题做情境人物要素分析。

- 你们展开对话的地点；
- 对方的身份；

- 对方对你专业能力的认知程度；
- 你们见面时对方的状态；
- 你们见面时聚焦的主题。

现在我们就上面这个案例的细节来逐一分析一下。

- **我们展开对话的地点**：对方公司。
- **对方的身份**：公司 CEO。
- **对方对我专业能力的认知程度**：他只了解我在销售领域的成就，对我的其他能力未知。
- **我们见面时对方的状态**：身体状态欠佳，去医院也没检查出来什么问题。
- **我们见面时聚焦的主题**：帮助他们公司提升销售业绩。

这部分的重点是，当你去拜访客户洽谈业务时，**你不仅要关注谈业务本身，也要看对方的公司、团队及客户个人的状态如何。**

这种辅助性的观察也有助于你进行专业价值上的联想。

比如，在本案例中，我看到对方当时的状态不是很好，同时他说已经住院了，但医生也没查出什么问题。

在业务并不是十分紧急的情况下，我就以解决问题为优先，而不是仅仅说一句"看你状态不是很好啊"，简单询问一下就开始进入正题。

因此，我们在进行个人专业价值上的联想的时候，不仅要考虑自己的业务本身，如果你的个人价值中有能帮助到他人的部分，那么你就可以灵活运用。

这里有一个前提，就是我的专业价值中还有一项是"解决他人心理能量问题的能力"（心理咨询）。因此，虽然原本要沟通的是他们团队的业绩提升方案，但当我看见他的身体状态不是很好时，我就把本来比较"重要的事"先放在了一边。因为我想和他聊聊，让他的状态（能量）恢复一下。毕竟提升销售业绩这件事并不是最大的事，他的身体才是更重要的，如果能帮到他，我就会坚持我的"邀请"。

因为他能想到的我的身份只是销售咨询师，我们又是初识，所以出于他的社会地位和身份等因素，他不会轻易和我说聊其他事情。虽然我们并不熟悉，但是我语言中流露出的肯定态度，让他觉得可以去茶室沟通。

那么，为什么我提出来去茶室呢？

因为你在交流较为重要的事情时，留出充裕的时间并安排无干扰的环境，这样会有助于放大你的成果。

在本案例中，因为客户身体状态不佳，明显是工作紧张带来的，所以我和他的对话要换一个环境，这将有助于更好地疗愈和深入探讨。毋庸置疑，茶室的氛围相比办公室会轻松许多。从另一层面来说，在办公室，十分敬业的人会很难去关注个人状态，我们的交流也难免会被他的团队随时打断，所以如果在办公室对话，就不能起到真正的效果。我们不要因为对方身份和实力很强，就觉得"差不多就得了"，而不考虑时间是否充裕和环境因素等。要以终为始，不能将就。

因此，安排在安静的茶室是较为适合的。你在与客户沟通重要事情时，也一定要考虑时间和环境因素。那次交谈结束后，我不仅帮他找到了状态不佳的本质原因，还帮他恢复了能量。因此，他还向我请教了一些私人层面的问题，他说我对他帮助很大。当时，在咨询结束后，他立即开着他的保时捷，带我去他的新公司参观，说要给我留一间办公室，还要把办公室装修成我喜欢的风格。他希望我能够和他的团队长期合作，也希望我能留在他所在的城市发展。

原本我们可能仅仅是甲方和乙方的合作关系，但通过一个小时的对话、一次疗愈，我们已经不仅是合作关系，他说我是照亮他人生道路的"小橘灯"，是他生命中重要的朋友。

为什么要进行非语言情境下的观察呢？

这是因为在任何场域里，都不仅仅是语言在向我们传递信息，场域中的个人状态、身体姿态、眼神、服装色彩、办公室的装修风格和物件摆设等，都代表着主人的风格。

因此，当你和他人进行交流的时候，不仅要关注对方说了什么，还要观察非语言情境下的"深层语言"。

当你从"深层语言"中读取到客户需求信息，就可以直接利用个人专业能力给予其帮助，本着"以人为本、业务第二"的原则即可。

通过以上内容的学习，我们已经知道了如何进行专业价值上的联想。下面，我还要给你细讲一下，生活中可能疏忽、不恰当地给予他人价值的情况，因为这也会影响我们建立关系及转化客户。

3.9 不恰当的专业价值体现过程

还有一种情况是，很多人在日常工作中非常热情、非常专业，且愿意奉献，身边客户资源也非常好，但转化率和转介绍却不太好，这是出现了什么问题呢？我们来看下面这个案例。

在听这个案例之前，请你同时思考以下几个问题：

- 一次对话中的专业价值体现，要考虑的客观因素有哪些？
- 专业价值在什么时候体现最好？
- 体现或给予专业价值的基础是什么？
- 如何给予专业价值？
- "为什么明明我的价值观、发心和专业性都没问题，很为客户考虑，却没有得到客户真正的认可，反倒让彼此距离变远了？"

案例 3-8 有点苦恼的 Q 先生

Q 先生是一位卖茶的专业人士。6 年间，在武夷山的某个茶山，他自己种茶、炒茶、卖茶，是一位身居山中的"茶行家"。

他身边原本不乏有钱人找他品茶、买茶，但是最近他发现，自己明明很专业，也很用心地为他人讲茶，希望他人都能喝上好茶，

并且让身体更好，但是找他买茶的人却越来越少了，他不知道是什么原因。让我们一起来听听他的故事。

有一位做建筑工程的老板，他的客户（他身边的客户非富即贵）送了一款好茶给他。由于他和 Q 先生是同门师兄弟，于是就请 Q 先生一起在他那里品茶。

当时，这位做建筑工程的老板拿出了一款产于 1992 年的茶。

这款茶是 100g 的茶饼，92 方砖。Q 先生心想："如果品质好的话，这在市场上价值大概在 1 万元。"

Q 先生说："师兄，这款茶太贵了，我不喝了。"

建筑老板说："没事，师弟，你来了就喝嘛。"

此时，Q 先生客气不过，就喝了一口。

建筑老板说："你觉得这款茶怎么样？"（因为是别人送他的）他一边问，一边又给 Q 先生倒了第二杯茶。Q 先生喝完第二杯，就不继续喝了。

Q 先生："这款茶有点杂味，存储得不是特别好，价值也不高，也不值 1 万块钱。如果从品牌、知名度和市场概念上来说，它可能值，但是当下我们喝到的这款茶是不值的，因为它的存储出现了问题，它失去了这一个平衡的价值，而且它茶汤不干净。"

建筑老板："我就知道师弟你了解口感，我们重新换一泡吧。"可是，Q 先生喝了两口，就没有再喝。

建筑老板问 Q 先生："师弟，你觉得我这款茶值不值得收藏？"

Q 先生："茶叶的颜色还可以，名气也比较大，但工艺比较弱。"

于是，建筑老板又重新拿了一泡茶，**Q 先生还是喝了两口就不喝了。**

建筑老板："这个怎么样？"

Q 先生："这款茶的话，在工艺上不太成熟，就如咱们吃饭一样，糊米饭吃了身体会不舒服。因为我个人对茶的敏感度比较高，我喝两泡左右，可能就知道这款茶，它的问题是出在工艺上还是存储上。

"茶贵，但并不是原料贵就代表茶叶好，就如字画，即使给我清代的墨水，或者说让我照着仙子画，画出来的画也不值钱。因为我就没有这个手艺，不能把这个东西呈现好。就好比会做菜的人有很多，但能够把什么菜都做得好吃的呢，也就几个人，就那么几个人而已。

"收藏茶其实最终都是用来喝的，而不是说我就是用来显摆的，或者说我就是用来讲故事的。因为我们买茶买的不是茶的名字，茶最终只有被喝了，它才会产生价值。"

Q 先生继续说："师兄，我也带了一款茶，你喝一口我带的茶。

"你要喝喝我带的茶，就是咱们可以对比着喝一喝，这样你的感受会明显一些，看看咱们的茶有啥不同。你闻一闻香气，是不是茶中带有一点花香。你看，这个是我的茶，这个是你的茶。你闻这香气，再看这汤色，我们一起喝起来。你感受一下，我的这款茶是不是入口时就比较柔顺，基本没有什么苦涩的味道。咱们可以与你刚刚泡的茶，对比着喝一喝。"

建筑老板喝了一口说："的确是入口很淡，但是你这个没有啥味道，我还是喝惯了口味比较重的茶。"

Q 先生："茶叶苦涩是正常的，苦是因为茶叶里的物质——咖啡碱、茶多酚刺激了你口腔的感受。我给你泡的这款茶，你没有感受到苦涩，那主要是因为这款茶它的甜味物质，或者说它鲜爽味的物质掩盖了它的苦。但并不是说这款茶它没有苦涩的味道，而是它的甜味物质和苦涩味物质融合得比较好，你的感受就不明显。那只有茶的生态环境好，它喝起来口感才会比较平衡，才会值得存储。"

建筑老板："你的茶，那滋味不足的茶，会不会摆放（存储）久了就没有味了。"

Q 先生回应道："因为普洱茶具备时间陈化这么一个属性，那么很多人觉得普洱茶存放的时间越久，品质就会越高。"

Q 先生继续说："刚刚咱们沏的两杯茶，你可以再进行一个对比，喝一喝你的那一款，入口比刚刚喝的时候还刺激，茶味的分裂感会比较明显，就是苦和涩的口感有明显的增强。而我带的这款茶入口明显就柔和很多，协调性也比较好。从常温茶汤来对比，可以明显感受到工艺上的区别。工艺好的茶喝起来会比较柔和，因为茶汤在低温状态下，它的分子的活跃度会降低，茶味的分裂感就会明显地增强。那这样的话，首先我们舌面对苦的敏感度要超过对甜的敏感度，所以说我们喝到这样一种苦味，就会天然地去排斥它。"

Q 先生又举了一个例子来加强自己的观点："就像咱们包饺子，如果面和得不好，那我们包的饺子，冷了之后或者放一段时间之后就容易破皮。这其实就和做茶一样，如果你做茶的时候没有把苦涩味物质和甜味物质融合在一起，那你做的这个茶，等茶汤冷掉之后，你尝尝，根本就不能喝。这就是为什么很多卖茶的人建议我们喝热茶，不要喝冷茶，因为冷茶会比热茶难喝。这其中最主要的差别就是工艺。咱们从科学的角度来看一看为什么我这款茶值得存储。

"茶叶的变化主要有两种。一种是常见的氧化发酵，就像咱们在第一款普洱茶的包装纸上看到的那样，它需要在通风的环境下存储，这样就会在氧的作用下发酵。就像水果切开后会有变化一样，在氧的干扰下，像苹果、梨或者香蕉，切开一段时间之后就会变质，它就会变色。另外一种是微生物的转化，就是密封存储，就像葡萄酒、白酒或者四川的泡菜，其实都是利用微生物进行分解。

"那微生物怎么来的呢？就像人的运动，微生物也是需要有营养供给的。微生物的营养就来源于茶的甜味物质。"

茶叶的苦涩味物质是比较顽固的，它很难被微生物分解，而这种苦的感受又很难被接受。那其实我们做茶就是要把苦的程度调整到身体容易吸收的状态。比如鸡蛋，不管是生的还是熟的，其实都是蛋白质，但为什么我们不能经常吃生鸡蛋，就是因为我们的身体对生鸡蛋和熟鸡蛋的蛋白质的吸收程度是不一样的。

"像你的这款茶，如果你继续喝这样的茶，喝多了你的身体、你的脾胃都会变差，因为它会加重脾胃的负担，你的消化能力也不会特别好。这样的话，后期对你的身体的影响是特别大的。"

Q 先生一口气说了很多专业的话。

建筑老板一边继续喝他的茶一边回应道："我的身体没有出现不正常的反应。"

Q 先生说："师兄，你这个……当你有反应的时候，那问题就严重了！"

在 Q 先生离开之前，这位师兄还是一直在喝自己的茶。

Q 先生心里有点生气地想着："反正我该说的都已经和你说了，你在不在我这买茶都没有关系，我也不是非要你买我的茶我才能生活，我其实希望你能喝到健康的茶，你买的茶根本不值那个钱！"

案例看完之后，我们来分析一下，一起来看 3 个问题：

(1) 为什么 Q 先生的专业价值链接没有得到预期的结果？

(2) Q 先生的发心、价值观、专业性和他的茶都很好，为什么建筑老板坚持自己的选择？

(3) 为什么建筑老板一开始非常认可 Q 先生，但当他呈现了自己的专业性以后，反倒让他们的关系变远了？

【解析】

案例中的 Q 先生有非常强的专业性，对茶很了解，对人很有耐心，而且热心，愿意给予，同时在交流中不急于销售自己的产品，这些都非常好。

但这里他疏忽了**对人际关系的恰当处理及交流中的互动问题**。

这就导致 Q 先生在后续的销售过程中，由于他的表现和他的客群层次的不同，业绩会不够稳定，同样人际关系也会受影响。**这对于一个非常专业和发心不错的人来说，是一种极大的损失。**

现实中的大部分人在销售过程中也会遇到这种情况，要解决这样的问题，需要我们站在高处以看清事情的全貌，找到根本原因，同时要了解与人交谈时需要注意的细节。这样你在日后和潜在客户交流时，就能够不偏离对方诉求的主线，与对方建立良好的关系，发挥自身价值，缩短销售周期，并提高转化率和复购率。

关于这个问题的解决办法，我会通过以下 6 个部分为你展开说明，它们分别是：

第一部分，确认案例中潜在客户的背景信息；

第二部分，洞察并梳理潜在客户的主观诉求；

第三部分，明确场域中的人物立场、诉求和行为表现；

第四部分，找到问题的根本原因；

第五部分，解决问题；

第六部分，通过本案例了解与人相处和销售产品展示时的细节。

通过这 6 个部分，你将学会如何分析潜在客户的背景信息，并识别其主观诉求。在与人沟通或进行销售展示时，你越清楚他人的背景信息和主观诉求，就越不会着急表达和行动。学会洞察，会让你的行动更精准、高效。

第一部分，确认案例中潜在客户的背景信息。

(1) 潜在客户的身份： 一位做建筑工程的老板，经济条件不错。

(2) 与 Q 先生的关系： 他们是同门师兄弟，有一定的信任基础。

(3) 潜在客户的性格特点： 是一位愿意分享、喜欢交朋友的人。

第二部分，洞察并梳理潜在客户的主观诉求。

这位建筑老板的主观诉求：

- "我有一款好茶，想要与你分享。"
- "你是行家，你来和我一起鉴赏一下此茶的好处。"
- "我有经济实力，我能收藏茶。"

(1) 客户的即时诉求：和懂行的人一起品茶、聊茶，享受时光。

Q 先生的价值观：

- "我会和你分享好茶。"
- "我愿意教你如何选茶。"
- "我并不是急着非要卖给你茶。"

(2)Q 先生能给予的是：为对方讲述关于品茶的知识，并提供好茶。

当你看到这里的时候，你就会发现，他们的动机其实非常吻合。那为什么 Q 先生讲得很专业，而且为对方好，却让彼此的关系变"远"了呢？

第三部分，明确场域中的人物立场、诉求和行为表现。

让关系变远的原因是，Q 先生在讲茶前，**忽略了对方的背景信息和主观诉求**。

(1) 建筑老板的立场和诉求：在本案例中，建筑老板的经济条件很好，他只是想找人一起品茶。

如果能找一个行家，在品茶的过程中能聊到一起，又能欣赏自己的品位，还能够交流一下茶叶的选择，那么这个喝茶的过程是很美妙的。

而 Q 先生就是他以为的合适人选。

(2)Q 先生的主观立场和行为表现：他没有看到建筑老板在他们二人关系中的需求，只是站在品茶的维度展开说明。然而在这个过程中，由于他相信自己的专业性，又觉得自己是出于一片好心进行给予，而不是要卖给他茶叶，所以就会为对方不接纳他的观点而感到有点苦恼和生气。

然而，他的行为表现都是基于"我要告诉你如何认识好茶、品鉴好茶，怎样喝茶对身体好"，却**忽略了对方的背景信息、立场、诉求和内心感受**。

第四部分，找到问题的根本原因。

当 Q 先生没有站在建筑老板的立场考虑的时候，就会站在自己的主观世界里，把自己认为对的讲给对方听。

虽然他所描述的是事实，他的发心是好的，但很难让建筑老板接受他的观点。

因为在他们边喝茶边交流的过程中，他在如何选茶方面表现得越"专业"，就让建筑老板越没面子、显得越没品位。另外，他还通过主观评价传递出送茶之人可能看出了建筑老板只看重"名"而不在意真正价值的想法，暗示建筑老板看中的茶华而不实，根本不值钱，还对身体不好。

他多次列举生活中的例子，多处使用专业术语，并拒绝喝对方的茶，以此强调他的观点是正确的。

看到此处你就会发现，如果不清楚对方真正的立场，就算他不是在推销，仅仅是给出专业价值，也会让彼此关系渐行渐远。

在交谈中，Q 先生的 3 种心态导致了**氛围变差、关系变远**。

(1) 存在"**证明之心**"，即"我说的是对的，你要相信我"。

(2) 存在"**抗拒之心**"，即"你如果不相信我说的，我就拒绝你"。

在本案例中，Q 先生多次**表现出非语言层面的拒绝**，比如：

> 建筑老板："没事，师弟，你来了就喝嘛。"此时，Q 先生客气不过，就喝了一口。

"就喝了一口"这个动作就流露出了"我不想喝你的茶，因为我不认可这款茶，如果我多喝，就代表我认可它"这种想法。这就是非语言层面、通过身体动作表达的拒绝。

如果我们的内心不接受他人的想法，那么你的行为表现所散发的信息就会让他人直接感受到你的拒绝，进而影响你与他人的交谈氛围和关系，有损他人对你的信任。

(3) 存在"**身份之心**"，即"我要给你'上课'，因为我是专业且热心的"。

在本案例中，Q 先生在使用了专业术语之后，怕对方听不懂，又借助生活中的例子"翻译"给他的师兄（潜在客户）听。

这就是有点不懂"人情世故"了。

为什么会这样呢？

因为 Q 先生抱着"我为你好"的意愿向对方传递"真正的知识"，但建筑老板没有及时正面回应。这让 Q 先生以为自己说的话对方没听懂、没认可，于是就想着"我既要和你讲得专业，又要讲得直白一些，我还拒绝喝你的茶，让你知道我是为你好"。

之所以产生这样的想法，是因为 Q 先生的思维认知和惯性的人际关系相处模式，他的表达习惯是"我是为你好，所以我要将我知道的告诉你，你要相信我"。深层原因是，首先，Q 先生不够自信，需要被认可；其次，他目前客户资源匮乏。

而一旦有这样的情况出现，他就会掉入不断证明自己的沟通"陷阱"里，让自己很辛苦，也很"受伤"。

因此，改变的方式就是，学会建立自信，了解他人真正的需求，与他人建立真正的链接。在这样的正向循环里，他会得到正向的反馈，自身能量也不断被滋养。

第五部分，解决问题。

第一，明确产品的多重价值属性。

在你的销售展示中，不要忘记先明确你所售卖的产品的多重价值属性，这样你就可以针对不同的客群，展开不同维度的介绍，或灵活调整不同情境下的沟通方向，这是建立信任的有效途径。

比如在本案例中，Q 先生只针对茶的健康价值进行多维度的展开，没有考虑到其他价值属性。

Q 先生要明确的是，茶不仅有健康这一个属性，还具有文化属性、收藏属性、社交属性。喝茶可以修身养性，让人沉浸在某一个状态。

而建筑老板则是利用茶的价值来接待客户和朋友，享受品茶的时光，以体现他的身份价值并建立社交链接。

第二，明确自身的专业价值和人格魅力。

在你与任何人沟通时，都要明确自身的专业价值，以及自身的人格魅力在哪里，而不要仅仅聚焦在产品的讲解上。

不过，也有人认为自己没有专业价值，也没有太大的人格魅力，所以就不愿意和他人进行交流或拜访潜在客户。

价值至关重要，但个体价值的建立也需要一个积累的过程，所以当自身价值小时，也不用担心，可以选择陪伴和倾听。这也是一种促进关系的良好方式。

因为陪伴和倾听蕴含着"积极关注"的力量。

只要在陪伴和倾听时，你不夹杂着特别着急向对方销售产品的意图，不主动给对方提建议、让对方改变，不表现出居高临下的姿态，就会让人更加愿意与你接触。因此，懂得陪伴和倾听也是人格魅力的来源。

第三，重新定义此场景中的身份角色，找到符合当前情境的对话方向。

此案例中的情境是对方邀请 Q 先生一起品茶。需要注意的是，此情境中的关键词是"品茶"，所以这并不是销售展示的场景。

在你平日的销售工作里，在你与朋友或潜在客户日常沟通的情境中，你可以借鉴此处提到的这一点。我们需要注意的细节有两个：一是明确关系；二是找准交流的方向。

(1) 关系：确定是朋友关系，你的身份不仅仅是销售或"老师"。 在社交场域中，我们要先把朋友关系放在第一位，这其中的**微妙的分寸感**是：

当你表达的内容和观点带有一定的专业性，能够满足他人真正所需时，他人就会通过你的表现自然而然地尊敬你、感谢你，这时你的表现就带来了信任基础，也会改变对方对某个产品或个体的原有认知。

比如你在行业里的专业度，你能为他人提供的恰到好处、他人真正需要的价值等，会让你们在一次对话中越聊越投机，他人也会在内心感慨"他原来这样有魅力啊！"，产生相见恨晚的感受，甚至舍不得结束谈话。

而不是自以为是地认为："我和他是朋友关系，我也是行家、专家、老师的身份，所以我看到了就理所当然地要直接给他建议，或做出评价，我是为他好呀！"

在很多时候，每个人所处的位置和状态、掌握的信息和资源、心态和面临的挑战都各不相同。

因此，无论是什么关系，**给出建议时都一定要注意自己的态度，注意自己传递的信息和表达方式是否在对方能够接受的范围内。**在这个基础上给出建议或价值，才会得到你想要的结果。

就像 Q 先生，虽然他说了很多正确的信息，进行了有价值的专业展示，**但对方不容易接纳，就是因为他的表达"缺乏平衡"。**

(2) 交流方向：品茶、谈茶、聊共同话题。把交流的话题和内容引向正的能量场，让氛围轻松一点，这是社交中我们需要注意的。除了特殊场域和时刻，在和他人相处和交谈时，愉悦感是促进关系的重要部分。

我们要重视和他人交流时整体的氛围走向，因为在一开始双方就是本着放松、愉快相处的方向去的。虽然我们决定不了他人的语言，但是完全可以决定自己的语言和情绪。比如在本案例的情境中，就可以围绕以下 3 个方向展开话题：

- 赞赏及肯定对方的收藏实力和品位；
- 围绕收藏茶叶时的讲究（如年份、原料、工艺、产地、层级等）进行交流；
- 聊彼此的故事，比如 Q 先生做茶的故事、建筑老板收藏茶的故事等。

这样喝茶聊天的过程，会让双方都心情愉悦，彼此欣赏。Q 先生具备专业性，建筑老板有经济实力。日后当建筑老板想要品茶、购茶，或约朋友一起喝茶时，自然首先会找 Q 先生，转化率和转介绍也就会随之产生。

第六部分，通过本案例了解与人相处和销售产品展示时的细节。

(1) 带见面礼表示感谢。比如，Q 先生在拜访时可以随身携带一款茶作为见面礼:"好久不见啊师兄,我挑选了一款茶,送给你品尝一下。"

(2) 不要和他人使用的产品做"过度"对比。在本案例中,我们可以借鉴的是,如果你想要送给对方你的产品,不要和对方已经在使用的同类产品刻意进行性能、品牌、价格等方面的对比。

比如在本案例中,Q 先生否定建筑老板收的茶和存的茶是好茶,就等于否定建筑老板的品位和身份,这只会让对方抗拒。

我在文中找出 3 处 Q 先生所做的对比,这里为你还原一下。(此处 Q 先生的对比源于没有理解对方的用意和自身着急的情绪。)

第一段:

"你这款茶有点杂味,存储得不是特别好,价值也不高,也不值 1 万块钱。如果从品牌、知名度和市场概念上来说,它可能值,但是当下我们喝到的这款茶是不值的,因为它的存储出现了问题,它失去了这一个平衡的价值,而且它茶汤不干净。"

建筑老板:"我就知道师弟你了解口感,我们重新换一泡吧。"

可是,Q 先生喝了两口,就没有再喝。

第二段:

"师兄,我也带了一款茶,你喝一口我带的茶。你要喝喝我带的茶,就是咱们可以对比着喝一喝,这样你的感受会明显一些,看看咱们的茶有啥不同。你闻一闻香气,是不是茶中带有一点花香。你看,这个是我的茶,这个是你的茶。你闻这香气,再看这汤色,我们一起喝起来。你感受一下,我的这款茶是不是入口时就比较柔顺,基本没有什么苦涩的味道。咱们可以与你刚刚泡的茶,对比着喝一喝。"

建筑老板喝了一口说:"的确是入口很淡,但是你这个没有啥味道,我还是喝惯了口味比较重的茶。"

第三段：

"像你的这款茶，如果你继续喝这样的茶，喝多了你的身体、你的脾胃都会变差，因为它会加重脾胃的负担，你的消化能力也不会特别好。这样的话，后期对你的身体的影响是特别大的。"

建筑老板一边继续喝他的茶一边回应道："我的身体没有出现不正常的反应。"

我们可以看到，虽然 Q 先生表述的内容是正确的，但是表达方式不恰当，导致建筑老板对他的态度由一开始的信任，变成后来的抗拒。

在与他人进行交流的情境里，我们的情绪会随着话题的持续而升级，发展到极端就是两种可能：一种是你们的沟通氛围很好，越聊越开心，彼此觉得相见恨晚；另一种就是你们的沟通氛围不好，双方随时准备要离开。

最后，我们再把案例中 Q 先生的专业表述提取出来做个示范。

"茶叶的变化主要有两种。一种是常见的氧化发酵，就像咱们在第一款普洱茶的包装纸上看到的那样，它需要在通风的环境下存储，这样就会在氧的作用下发酵。这就像水果切开后会有变化一样，在氧的干扰下，像苹果、梨或者香蕉，切开一段时间之后就会变质，它就会变色。另外一种是微生物的转化，就是密封存储，像葡萄酒、白酒或者四川的泡菜，其实都是利用微生物进行分解。

"那微生物怎么来的呢？就像人的运动，微生物也是需要有营养供给的，微生物的营养就来源于茶的甜味物质。

"茶叶的苦涩味物质是比较顽固的，它很难被微生物分解，而这种苦的感受又很难被接受。

"那其实我们做茶就是要把苦的程度调整到身体容易吸收的状态。

　　"普洱茶具备时间陈化这么一个属性……

　　"茶叶苦涩是正常的，苦是因为茶叶里的物质——咖啡碱、茶多酚会刺激了我们口腔的感受。

　　"茶的生态环境好，它喝起来口感才会比较平衡，才会值得存储。"

　　我们会看到，在把和对方的茶叶进行刻意对比的部分去掉之后，表述变得既专业又通俗易懂，这就会变成一种来自专业人士的分享，从而得到对方的青睐，还会因此收获感谢甚至后期的购买。

　　(3) 在讲产品的过程中，不要肆意评判他人已购入的产品。 在我们平时与他人沟通时，即使他人主动提起，说"你觉得我使用的产品怎么样？你是专家，我想听听你如何评价"，也要注意少用否定。

　　比如在本案例中，当对方问到 Q 先生他的茶怎么样时，Q 先生说：

　　"这款茶有点杂味，存储得不是特别好，价值也不高，也不值 1 万块钱。如果从品牌、知名度和市场概念上来说，它可能值，但是当下我们喝到的这款茶是不值的，因为它的存储出现了问题，它失去了这一个平衡的价值，而且它茶汤不干净。"

　　此处用 10% 左右的篇幅适时说出不足之处即可，不要大篇幅地对不足之处进行点评，要把谈话的焦点放到优点上，或者拿自己的产品做评论，比如以自己的茶为例，讲解茶要怎样选择。这时，由于评价的是自己的产品，和对方又有共鸣之处，就会起到较好的效果。

> **小提醒：不要全盘打压对方产品**
>
> 不要全盘打压对方产品，评论时说出的优势要多于劣势。说出优势，给出参照选项，这样会更加彰显自身的专业性。

下面我来示范一下如何肯定对方。

(4) 肯定对方。在第一时间利用自己的专业身份来肯定对方的产品。

给出恰当的肯定，不急于证明自己，否定他人，这是自信且有个人魅力的充分表现。当身份对等时，也无须刻意赞美对方。

学会肯定，当建筑老板问他的茶怎么样时，Q 先生可以尝试这样表达：

"师兄你朋友送你的这款茶，在市面上价值很高啊。"

"你的朋友对你很重视呀！"

"这款茶产于 ×× 年，工艺是 ××，很不错的。"

因为是朋友送的茶，如果对方执意让他说不足之处，也要相对客观中立，不要全面否定。

(5) 不要主动报出具体价格。

Q 先生："这个茶有点杂味，存储得不是特别好，价值也不高，也不值 1 万块钱。"

在社交关系中，或者在与潜在客户见面交谈时，如果对方无法评估别人送给自己的礼物价值多少钱，你可以让对方猜一下价格或者问对方是否知道它的价格，而不是自己直接报出市场价格。

因为你并不清楚对方是否知道这个产品的真实价格和心中的期望值，又不清楚他与送他礼物的人之间的关系具体如何，所以贸然回答可能会让对方失去面子。

只有当对方主动问"它值多少钱"的时候，我们才可以说出大概的市场价格。

通过以上内容，我们了解了在社交关系中，当给出专业价值和建议时，要根据当时的情境、场合、对方的身份和性格等恰当地进行表达。接下来，我们再看一个案例。

3.10 我只想提供价值，我不想挣别人的钱

下面这个案例中的故事涉及工作场景中的专业价值取向和日常社交场景中的专业价值体现。在这个案例中，你可以看到，当主观上有一套顽固、偏颇的思想时，不仅会导致销售业绩不佳，同时也会导致在社交关系中，即使付出许多，也很难真正让他人接受你的热情，让你不能更好地融入关系。

K先生是国内一家知名的英语教育机构的老师，他性格热情、愿意分享、喜欢讲课，但他既不喜欢做销售，也不想挣熟人的钱。

不久前，他刚刚升职为部门总监。在没升职之前，他会以教学专家的身份，陪着销售人员去拜访客户、招标投标、讲解课程内容。最近升职成部门总监之后，由于需要扛业绩，K先生就不得不开始关注销售了。K先生在公司销售指标的压力下，陷入了困境，不知道该怎么办。

下面我们通过两个场景来展开这个故事，分别是销售报价场景和日常沟通场景。

3.11 销售报价场景

案例 3-9 "幸亏没找我"的 K 先生

有一次，一位 B 端客户找到 K 先生，希望 K 老师能给他们的团队做一次演讲公开课。

不过 K 先生实际发现对方的团队并不是演讲能力有问题，而是沟通能力有问题，于是 K 先生心想："演讲很低频，沟通有问题。"就和对方说："你们和美国那边的人开会的时候，你们的沟通能力有问题，还没有到演讲那个层面呢！你们应该先去学沟通，不是学演讲。"

甲方客户说："我们的团队成员都是国内外高校毕业的高才生，我们学什么沟通？"

K 先生心想："要是这单的客单价是 100 万元的话，我就调整内容。把沟通内容加到里面，可以按他们的来。但是这单客单价只有四五万块钱，他们只学演讲根本解决不了问题。"

此外，K 先生不想接这单，还出于以下 3 个理由。

理由 1，在内容层面："他们处在'小学生'阶段，却想学'高中生'的内容。那么，他们学不到东西，会让人以为是我教得不够好，这会让我很痛苦的。"

理由 2，在客单价层面："他们仅四五万块钱的客单价，我还需要配助理，单子太小了，我不想接。"

理由 3，在付出层面："我还需要亲自调整课程，就这么点钱，根本不值得单独花时间。"

因此，K 先生就和对方说："等下周一，再给你回复。"

但 K 先生故意拖到第二周周四才给客户回复，并编了一个理由说："不好意思，因为家里有人生病，我回复晚了。"而且他报的价格是原计划的 2 倍，理由是："你这个团队的基础不好，需要双倍的人力支持。"

对方原本对这家知名教育品牌抱着很大的信任和期许，但一听报价超过预算，课程方向也不太一致，所以就说："那下次我们再合作吧。"

K 先生听到客户这样回复他，深吸了一口气，心里感到很庆幸。

K 先生想要问的问题是：

"我在谈企业客户的时候，甲方往往比较任性，坚持他们自己的想法。但我也有原则，如果他们不遵守我的'英语科学学习法'，我就会放弃。对于这样的客户，我做不好销售。该怎么办呢？"

看完案例，请你先来思考以下 8 个问题，然后再去看解析。这样会让你训练自己解决问题的能力，而不只是被动地接受答案。

【问题】

(1) 这个案例中的背景信息是什么？

(2) 甲方客户的主要诉求是什么？

(3) K 先生不接此单的"背后"原因是什么？

(4) 甲方客户是真的不接受 K 先生的建议吗?

(5) 甲方客户不接受 K 先生建议的真正原因是什么?

(6) 他们是否有办法达成共识? 该如何做?

(7) 此单对 K 先生的客户渠道开发有没有额外的价值?

(8) K 先生的做法及说辞对你有什么启发?

【解析】

我们从事销售工作,当客户渠道少的时候,就需要主动开发客户群体,但当你所在公司的品牌知名度大时,你就能依靠品牌的力量吸引许多客户自动上门。

本案例中的 K 先生,由于是知名品牌机构的核心成员,所以有"选择"客户的"权力"。

乍一看,这个案例中 K 先生的想法好像并没有大的问题:"不过是四五万块钱的产品,挣不到什么钱,对方学完后没有什么用,说不定还影响自己的口碑。"

但是,我们再来思考一下,在渠道和流量充足的情况下,K 先生看似拥有可以"随意选择客户"的资本,但 K 先生接待客户过程中的沟通问题、看待事情的视角问题、自己的心态问题、对自身价值评估错位的问题都会造成潜在影响,因为他的表现会影响品牌声誉。

因此,这个事情往小了说会影响 K 先生的心情和收入,往大了说则会影响他公司品牌的发展和品牌声誉。

倘若对于四五万块钱客单价的合作,K 先生的沟通模式如此,那么对于 100 万元客单价的合作,K 先生的沟通模式就一定能"拿下"吗?他会不会受到甲方客户态度上的挑战或合作内容上的制约呢?

K 先生处于部门总监的位置,如果公司大部分核心员工如此处理问题、抱有这样的做事态度,那么势必会带来影响,我们也可以想到结果如何。在这种情况下，就不仅仅是 K 先生挑客户，嫌弃客单价低、挣钱少、付出多的问题了。

对于这个案例中的问题，我们可以从两个方面着手解决：一是心态；二是方法。

第一，心态层面。

在看完解析之后，你将看清 K 先生没有接单的背后原因和心理状态，由此学会和 B 端客户沟通的方式，进而抓住潜在机会。

如果不改变心态和看待问题的视角，就会让自己受到限制，这也是为什么 K 先生感觉接单也痛苦，为了不接单而编造理由也很痛苦。

首先，我们来看 K 先生不接此单的背后原因。

- **演讲内容不适用。**以客户的实际需求来说，他认为演讲课对他们没有用；
- **甲方内部评估不准确。**他认为对方不清楚团队成员的实际能力，自己一片好心给出建议，对方却不接受，让人有点生气；
- **客单价低、挣得少。**他认为对方客单价低、挣得也少，所以不值得做；
- **与自身价值不匹配。**他有点委屈情绪，因为自己是部门总监，又有多年的教学经验，他们客单价又低，对方还不接纳自己的建议；
- **拥有更多选择。**他认为自己背靠知名教育品牌，就身份和流量来说，拥有多重选择的机会，并没有考虑到此单的长期价值。

当我们了解了这些背后的原因之后，就会发现，问题的根源不过是 **K 先生的自尊心"被挑战"**，因为自己科学的学习建议不被接纳，而且客单价低，所以自己不舒服了；付出和回报不成正比是第二个原因；第三个原因是 K 先生没有看到其中潜在的机会，忽视了长期价值。

K 先生觉得甲方没有接纳自己科学的学习建议，他的想法是："你们虽然是甲方，但你们都不了解自己团队内部的真实情况，又不采纳我的建议，我为什么要给你们讲课呢？"

要扭转这个想法，我们需要清楚以下两个不等式：

- 自身的价值不等于产品的客单价；
- 对方不接纳你的观点，不等于不认可你的价值。

在此案例中，K 先生所在意的自身价值与他人实际需要的价值没有特别大的关联，这只是影响对方购买决策的一个因素。但是，K 先生基于个人认知的沟通方式，则直接影响了对方决策者是否决定购买。

我们要清楚以下 6 点，这样就不会把"对方拒绝接纳自身的观点"直接归因于个人价值问题，形成自己不被认可和不被接纳的痛苦局面。

同时，这也会让我们更加清晰，在谈单的过程中，需要站在对方的视角去推荐产品及沟通，这样就会带来更好的结果。

这 6 点分别是：

- 了解对方的具体情境需求；
- 了解对方的决策权、决策需求；
- 了解对方的预算和时间安排；
- 了解对方选择产品时的品牌倾向及对课程内容的认知；
- 了解课程质量及内容是否符合对方的基本要求及心中预期；
- 了解主讲人的经验值是否满足对方团队的需要。

那么，要如何去谈呢？

第二，方法层面。
首先，明确对方购买演讲课程的使用情境及目的，由此找到谈话方向，并

且注意在沟通中不冒犯对方。

比如在本案例中，K 先生说："你们在和美国那边的人开会的时候，你们的沟通能力有问题，还没有到演讲那个层面呢！你们应该先去学沟通，不是学演讲。"

甲方客户说："我们的团队成员都是国内外高校毕业的高才生，我们学什么沟通？"

K 先生本是基于自身经验好心地提出建议，但是话说出来却导致了一种对立的局面。

在销售沟通中，对立局面不会让事情得到解决，只会导致氛围紧张、心情糟糕、距离拉远，以及自己的观点不被采纳等后果。

K 先生如何把自己的好意恰当地表达出来呢？可以询问对方的具体使用情境，以及对方对演讲课程内容的价值预期，来为自己的谈话方向提供参考。

(1)"您好，我是 ××，我是'×× 教育'的部门总监，很高兴和您沟通此项目。"

通过这句话，即使甲方是被品牌吸引而慕名前来的，也会因 K 先生的礼貌以及他对个人职位的介绍，而加深对他的信任。

小提醒：职位信息如何体现

职位信息要在自我介绍中体现出来，这样有助于增加可信度。

---

(2)"请问您怎么称呼？之前是否了解过'×× 教育'的产品？您此次想要了解什么类型的产品？"

通过这句话，可以了解对方是否首次购买，是否第一次了解该品牌，并确认对方选择产品的方向。

如果是老客户，自然就会对产品的价值有一定的认知，所以通过这几个问题，可以明确接下来的交谈方式是更直接一些，还是委婉一些，从而运用恰当的语言表达。如果对方是新客户，那么就要更进一步地了解对方的具体情况。

如果对方回应 K 先生想要"演讲课程"，则 K 先生可以像这样调整谈话方向。

(3) 谈话方向："请问您对演讲课程的特定需求有哪些？我们的课程可以针对您团队的需求来定制，这样会更好地匹配实际使用场景。"

这样一来，我们就可以根据对方的实际需求来调整对话方向，而不是主观臆测，看到对方在"和美国那边的人开会"这一场景下沟通能力不足，就直接否定对方对演讲课程产品的需要，这是一种对对方的间接否定，暗示对方不了解自己团队的情况。

我们要了解，K 先生看到对方在"和美国那边的人开会"这一场景下沟通能力不足，虽然这是一个客观事实，但**这只能作为对方决策者选择产品时的一种潜在需求，并不是他们必须要选择购买沟通课程的理由。**

小提醒：确定决策者是谁

你在与潜在客户沟通时，要确定对方是否真正的决策者，这与你接下来的沟通内容相关。

因此，对话的方向就是，要具体地问到对方对演讲课程的特定需求，与对方的期望达成一致，这是高效交流的前提，也是关键步骤。

继续保持礼貌，"我们的课程可以针对您团队的需求来定制，这样会更好地匹配实际使用场景"会让对方感到品牌大、服务好，这对接下来了解对方的预算并给出自己的建议会起到很好的铺垫作用。

(4) 谈话方向："请问您公司会定期为团队做技能提升培训吗？您目前主要想解决团队什么问题呢？我来帮您做详细的介绍。"

这条信息会让我们得到一个线索，就是对方购买演讲课程是为了花掉某笔预算，还是为了完成某个"高大上"的课题，这会帮助我们明确实际需要满足甲方什么样的场景需求，并在此基础上做介绍，这样回答时才不会冒犯他人，同时降低建议不被采纳的概率。

确认对方的实际场景需求之后，K 先生就需要调整行动方向。

(5) 行动方向：设置演讲课程的内容和价格。

设置课程中的演讲主题，并搭配场景训练，这样既满足了对方的需求，又能提升对方团队的沟通能力。因为课程由 K 先生亲自设计，所以不必拘泥于某种特定形式，一切以让对方团队实际有所收获、满足客户需求为前提来综合考虑。

(6) 行动方向：设置英语商务沟通的课程。

如果在沟通之后，发现对方并非必须选择演讲课程，只是需要提升团队的个人技能，那么就可以给对方设计沟通表达类的课程内容，比如针对"和美国那边的人开会"这一场景，设计主题为"英语商务沟通"的课程。

在此案例中，我们会看到，不一定是甲方不接受非演讲类课程的建议，其中的影响因素有很多，比如沟通方式、实际场景需求、决策者身份、实际预算和此前对课程价值的认知等。

接下来，我们再看一下，此单成交会带来什么好处和启发。

从 K 先生的角度来看，他主要可以在以下 3 个方面获益。

第一，个人品牌的积累。虽然 K 先生是公司里的员工之一，但是个人价值的积累、更多甲方客户的选择，会有助于 K 先生形成内部的核心竞争力。这是形成个人品牌的过程，也会增强他个人的自信心。

第二，个人层面关系的建立。K 先生在与甲方客户沟通、设计课程、交付课程的过程中，会让甲方对他形成印象感知。而他的形象不仅代表公司，也是他个人魅力的展现，因此这个过程会增进他和甲方公司的友谊。社交关系网越宽、越深，对个人的发展越有利。

第三，参加课程的对方团队成员可以成为渠道的载体和传播媒介。由于情境的不同，当 K 先生去讲课时，他与对方团队成员是老师和学生的关系。但是，每一个团队成员都有自己的社交网络，这会带来人脉上的积累，后期可能也会出现团队成员个人的额外需求与潜在购买需求，他们也会为 K 先生做转介绍和信任背书等。

在这里，我们需要**明确，需求不是一次性交易**。

公司进行产品选购，也许是即时需求，也许是长期需求。每个公司的规模和发展模式不同，会存在有多种需求的情况，所以我们不能只关注此单的客单价是多少，需要有长远视角，看到长期价值。

从教育机构的角度来看，应该重视以下 3 点。

第一，定期展开核心团队的业务能力培训。不仅要关注课程讲师的能力，也要重视销售培训，提升销售服务的用户体验。课程交付不出去，价值也将无从体现。

第二，核心团队成员是公司发展的源头。公司发展需要凝聚力，因此需要关注团队成员的个人成长、心态和团队内部氛围。比如，某个团队成员在工作上遇到阻碍，会影响其心情及工作效率；团队成员的反馈会成为一种话题在团队内部传播，进一步影响工作氛围，造成"这个客户难搞""什么都不懂，给的建议也不听""太难了，讲个课不容易啊"等悲观情绪，影响团队斗志和品牌发展。

第三，品牌是口碑与价值的共同体。即时服务和产品交付的过程是客户形成品牌印象感知的基础。

3.12 日常沟通场景

案例 3-10 怕自己的热心被误会成推销的 K 先生

K 先生毕业已经 10 年了，每年他都会去看自己的大学老师，他们的关系非常好。老师的家在近郊，家中有个儿子，在家附近的小学上 5 年级，英语成绩勉强及格。K 先生每次和老师见面，都会自然地问到孩子的英语学习情况。

有一次，K 先生去他老师家里拜访，下面是当时他们之间的对话。

K 先生："孩子现在英语学得怎么样？"

大学老师："孩子小，他不怎么爱学。"

K 先生："那不行，不爱学英语哪儿成。这是三大主科之一呀！这英语要是耽误了，将来无论是中考还是高考都会受影响，就连以后找工作也会受影响，职场竞争力也会弱很多呀。必须得帮孩子学上来呀！"

大学老师："我也着急，可这个孩子就是不爱学，我也没办法。你看这孩子身体从小就有点儿弱，我也不想太强迫他。"

K 先生："老师，这不是您强不强迫他、孩子体弱不体弱的问题。我见他这么多次了，这孩子学习能力不差，他不爱学英语，绝对不能说他'脑子'跟不上。我可以给您个建议。"

大学老师："你说。"

K 先生："您让他上一期我们学校的'××夏令营'，那个夏令营的环境和氛围特别好。您看我有个叔叔，他家也是特别有钱，把孩子送到贵族学校，但是孩子就是各科都学得很差。

"后来，有一年，我帮他安排，让孩子去了我们学校的夏令营。一共就去了 7 天，等夏令营结束，在他接孩子回来的路上，孩子就说'呀，爸爸，这个英语课真好，我明年暑假还想报'。您看这么不爱学习的孩子，这个夏令营都能起到这样的效果。您让孩子去一期，肯定对他有帮助。"

大学老师："对，你说得对，太有道理了，孩子的兴趣是最重要的。我回去跟你嫂子商量商量，回头我们有需要的时候，我就告诉你。"

K 先生："行，没问题，只要有需要，我一定能够帮您要到最低折扣，让孩子去上这个暑期的课，帮他把学习兴趣激发出来！"

可是后来，大学老师并没有采纳他的建议。

K 先生想要问的问题是：

"我们的关系那么好，我其实挺想帮他的，但我特别怕他感觉我在推销我们学校的课程，我很为难。怎么办呢？"

K 先生认为："老师不想听我的建议，也有可能是因为 6 年前的一件事。当时我们学校有个青少年品牌的课程，我介绍给他孩子，他们上过一次体验课就报名了。但是，他运气不好，没上几天课，就赶上那个校区停止营业了。他那次的体验不太好，可能会有一点儿阴影。"

看完案例，我们来思考以下 8 个问题。

(1) 在这个案例中，双方原本的关系如何？

(2) 在这个案例情境中，双方的角色分别是什么？

(3) K先生不为挣钱，仅是出于关心的角度，为什么大学老师聊天时看似很认同、很感兴趣，却没有后续？

(4) 大学老师不接受K先生建议的原因是什么？

(5) 为什么K先生强调说"我不想挣别人钱"？

(6) K先生的"推荐课程就有推销的嫌疑"这种顾虑如何消除？

(7) 如何更好地与大学老师建立关系，并帮助到孩子学习英语？

(8) K先生与大学老师的对话，对你人际关系的建立有什么启发？

【解析】

在日常的人际关系中，我们在对话时常常会基于自己的专业价值给予他人帮助，却因为疏于关系上的边界而影响了关系。

通过这个案例，我们能够学到如何识别他人的想法，从而沟通正确的话题，以及如何奉献专业价值，更好地建立关系，从而不仅能够让他人相信自己的观点，还能够增加业绩。

接下来，我们通过分解案例和思考，来获得人际关系上的启发。为什么案例中二人有着多年的关系，大学老师却没有接受K先生的建议呢？

第一，没有识别出"同一身份"的尴尬。

先来看二人的身份：K先生是英语老师，专业性很强；大学老师是K先生曾经的老师，也是孩子家长。

如果K先生拜访的人不是他的大学老师，仅仅是一个朋友，也是家长身份，那就会好很多。因为K先生的话让大学老师陷入自己没有替孩子考虑、不负责任的境地中，让大学老师感觉很尴尬。

第二，没有识别出对方内心的抗拒。

孩子的英语弱是实际情况，但大学老师不否认事实，只是推脱"孩子小""不爱学""体弱"等，想转移话题，但 K 先生站在自己的主观视角，没有听出来此意，以为大学老师不清楚英语学习对孩子的重要性，自己说的内容还不够深，没有引起大学老师的重视。

此处，K 先生希望大学老师既重视孩子的英语学习，又重视自己的专业观点。

第三，没有识别出对方的抗拒，不恰当地进行举例。

  K 先生："你要让他上一期 我们学校的'×× 夏令营'，那个
          ①   ②
夏令营的环境氛围特别好。您看我有个叔叔，他家也是特别有钱，
  ③   ④
把孩子送到贵族学校，但是孩子就是各科都学得很差。
  ⑤   ⑥
  "后来，有一年，我帮他安排，让孩子去了我们学校的夏令营。
         ⑦
一共就去了 7 天，等夏令营结束，在他接孩子回来的路上，孩子就
   ⑧
说'呀，爸爸，这个英语课真好，我明年暑假还想报'。您看，这
         ⑨
么不爱学习的孩子，这个夏令营都能起到这样的效果。您让孩子去
          ⑩
一期，肯定对他有帮助。"
  ⑪

为什么 K 先生一直强调这部分内容呢？

第一，他是建立在给予的基础上；

第二，他希望给到孩子帮助；

第三，他希望老师能够采纳他的建议，承认他的价值。

我们来分解一下 K 先生的这段话，原文之下的引号内的文字就是 K 先生的"言外之意"。

① 原文："你要……"

"你要做决定。"

② 原文："我们学校的……"

"我推荐的，值得信任。"

③ 原文："那个夏令营的环境……"

"没错。"

④ 原文："我有个叔叔"

"他和我的关系，跟我和您的关系是一样的。"

⑤ 原文："特别有钱……"

"人家肯定是要选择最好的。"

⑥ 原文："孩子就是各科都……"

"还不如您家孩子呢，但英语基础同样薄弱。"

⑦ 原文："我帮他安排……"

"我叔叔就同意了。"

⑧ 原文："一共就去了 7 天……"

"效果就很明显。"

⑨ 原文："呀，爸爸，这个英语课真好……"

"孩子自己都说好，我的推荐值得相信。"

⑩ 原文："您看，这么不爱学习的孩子……"

"我说得对，孩子只是没兴趣，和其他都没关系，不是您说的体弱等因素，您要相信我的专业价值。"

⑪ 原文："您让孩子去一期……"

"相信我，没错！"

经过"翻译"之后，我们就识别出了 K 先生的内心语言。

在本案例中，K 先生越说越具体，越说越自信，却没有察觉出大学老师的内心变化，以及为什么不接纳自己的建议。

在一段对话中，如果无法确认前提，找不到真正的问题，而针对"非真正问题"给出解决方案，就会影响说服效果，这就像好心办了坏事，造成"你看我也不挣钱，我又不图什么"的失落心理。

第一，没有识别出对方想快点结束此话题的意思。

具体表现为，大学老师说："对，你说得对，太有道理了，孩子的兴趣是最重要的。我回去跟你嫂子商量商量，回头我们有需要的时候，我就告诉你。"

这时 K 先生信以为真，以为对方采纳了他的建议，就又特意强调了此夏令营的好处，并表示自己是出于关心孩子，孩子去上这个课和自己没有直接的利益关系，所以继续说明：

"行，没问题，只要有需要，我一定能够帮您 要到最低折扣，
① ②
让孩子去上这个暑期的课，帮他把学习兴趣激发出来。"
③ ④

我们再来"翻译"一下。

① "我的出发点就是关心孩子，重视我们的关系。"
② "我不挣钱，是纯帮忙。"
③ "一定要去，这个暑假就去上。"
④ "我的观点和建议不会有错，因为我是老师，我能看出来就是兴趣的问题。"

现在我们总结一下这个案例中的问题：

第一，孩子英语不好是事实；
第二，这是大学老师自己的事；

第三，在给出建议或价值时，不应越界，要保持边界感，尤其这位大学老师本身从事教育行业，K先生的做法会让人产生"自己不够负责、不够好"的心理负担。

K先生的问题可以从以下3个方向来解决：

第一，明确自己的价值，建立自信，"轻"推荐；

第二，在拜访老师的空闲时间，可以为孩子辅导英语，及时地在孩子的英语学习上提供帮助，给予自己的价值，而不过多地评价和建议；

第三，在大学老师接受之后，如果被问到"应如何选择教育方式"，再根据实际情况提夏令营的好处。

之所以这样做，是因为要考虑到以下4点：

第一，大学老师的实际经济能力；

第二，孩子的时间是否充足；

第三，夏令营的环境是否安全；

第四，大学老师对孩子未来的发展方向及英语学习方式，有自己的决策权。

因此，我们可以看到，在此案例中，K先生因为没有识别出情境中人物的特定需求，基于个人的专业价值不断给出建议，让老师有点"下不来台"，从而拉远了距离。

在销售场景和人际关系里，过多地给出建议，分不清楚情境中人物的情绪和感受，是让关系疏远的重要原因。

我们看完案例之后，再看K先生自己认为的原因，他所说的那件事会对人际关系产生什么影响呢?

　　K 先生认为:"老师不想听我的建议,也有可能是因为 6 年前的一件事。当时我们学校有个青少年品牌的课程,我介绍给他孩子,他们上过一次体验课就报名了。但是,他运气不好,没上几天课,就赶上那个校区停止营业了。他那次的体验不太好,可能会有一点儿阴影。"

在人际关系里,不要轻易做个人信用背书。如果推荐之后出现问题,也不要主观地认为是他人运气问题。

　　在本案例中,K 先生推荐的是自己学校的产品,所以无论 K 先生是否挣钱,都要帮助老师挽回损失,不能认为和自己没有关系。一个人的印象值不仅仅建立在专业价值上,也和一个人的综合品质相关。

　　这个故事还有后续。K 先生在得知自己的问题出在什么地方后,在再次拜访大学老师时就开始主动帮助孩子辅导。孩子很愿意亲近 K 先生,同时,大学老师看到孩子的兴趣提高,就主动问 K 先生对孩子英语学习的建议。最后大学老师主动让 K 先生为自己的孩子介绍课程,并决定购买。经过这些事情之后,大学老师非常感谢 K 先生的帮助。

第 4 章

让潜在客户愿意
见你的邀约和拜
访方式

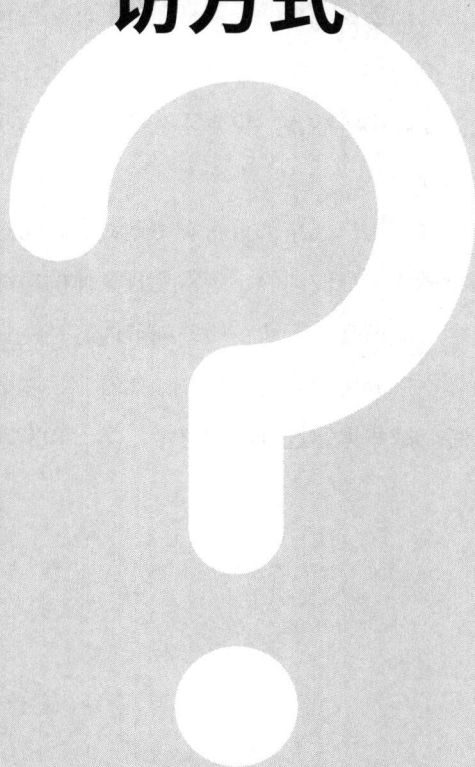

在销售拜访中，想要实现成功的邀约是比较难的。但是，当我们学完前几章的内容，我们就会较为容易地实现邀约，因为此时大部分潜在客户已经开始约你了。

还有一种情况是，你想要拜访的目标客群不是你原有生活、社交和工作领域中的群体，所以在你与他们见面之前，他们并不一定知道你的价值。你需要发出特定的邀请，以获得通过交谈展示产品和个人价值的机会，进而获得更高的转化率。

那么，我们该如何正确地邀约呢？

在本章中，我将带你从一个个非常具体的邀约和拜访案例出发，来探讨影响我们平日邀约成功率的实际问题，以及实现邀约和拜访的关键步骤及具体动作。

你会通过我为你准备的案例解析，来了解实际邀约和拜访中的困难是如何产生及解决的。比如，邀约和拜访客户时被拒绝的原因是什么？我该怎样做才能顺利约到客户？我需要做哪些准备？我要注意哪些细节？我如何才能一见面就获得对方的信任？等等。

在本章中，你将学会以用户视角来重新看待邀约和拜访这件事。

接下来，我将围绕邀约和拜访中的一些常见且具体的挑战性情景，来提供实战方面的参考，包含对话思路、行动路径、细节内容及注意事项。

同时，我要带给你一个分析问题的视角，让你看到，在面对这些挑战时，应该从哪些维度来思考。这些你通过自己的思考、学习和实践而得到的结果，才是最宝贵的财富。

4.1 希望获得转介绍的一次陌生电话邀约

身处销售一线，在开发陌生市场时会面临多重挑战，我接下来要讲的这个案例就非常具有代表性。以这个案例为出发点，探讨邀约的注意事项，非常有助于你审视自己的销售行为。希望你在开始深入学习之前，能认真阅读这个案例，以此为切入点，获得启发。请在阅读时带着这样几个问题：

- 瑜伽馆的店长在邀约的电话沟通中，忽略了什么？
- 为什么她主动链接合作，却遭到了 D 女士的拒绝？
- 一次邀约失败后，改变印象容易吗？
- 面对潜在合作伙伴的拒绝时，她怎样做才能缓解尴尬局面？是否还有建立关系的可能？
- 她应该如何邀约？邀约的具体步骤是怎样的呢？
- 她如何在拜访中有效地建立合作关系？

在你开始思考现实中存在的邀约和拜访问题后，相信你就可以对照自己的行为，找到他们"失败"的线索。对照之后进一步调整自己的方法，以避免重蹈覆辙。

案例 4-1　着急要转介绍的故事

D女士是某品牌设计公司的总经理。一天上午，她的手机收到一条微信，对方留言说想合作，而且最好是电话沟通。她看到对方的微信名是"花开花落"四个字加一个可爱表情，然后顺势点开对方的朋友圈，里面只有一条内容，是一个和某公司负责人聊天的截图。她看了一下微信备注，发现对方是她之前给某企业做活动时加的微信好友，除此之外，并无其他信息。

D女士请对方先用文字介绍一下合作的方向，对方回复说："文字说不太清楚，电话怎么样？"D女士想，是不是自己之前服务的企业要找她谈什么合作的事情。

于是，她接通了语音电话，听到对方很热情地和她打招呼："D总，你好呀！我最近在一个瑜伽馆做店长，是一个高端的店，我特别想把这个店做好，做好之后我可以入股做股东。我现在这个店刚开业，我看你朋友圈，你前几天给一个公司做品牌设计，我希望你能把他们介绍给我。"她不等D女士说话，也怕她拒绝，就自顾自地继续说道："我知道我说这个话非常冒昧，你看，我们是微信好友，虽然从来没有单独见过面，但是至少认识七八年了吧。我是在微信上看着你发展的，你现在太厉害了。我其实很想和你做朋友，你给我介绍客户，我也会'意思'一下的。但是这个话我不知道怎么说，因为感觉怎么说都不太合适。"

"谢谢你的关注，不过我不能给你做介绍，我也不需要这份提成。"D女士非常直白地拒绝了她。

对方继续寒暄道："你看，D总，我们瑜伽馆已经开了5家了，都是在市中心最好的位置。你给我介绍客户，肯定不会没有面子的。

我看你的朋友圈，感觉你身体也不是太好，我本来想让你来上课的。我也想请你吃个饭，但是我还是想在电话里先和你说一下。说实话，我挺想和你做朋友的。"

碍于对方是微信好友，D 女士并没有直接挂断电话，客气地说："你的瑜伽馆挺好的，不过我最近忙着公司运营，等不太忙的时候，我们可以认识一下。"

对方继续说："我知道你挺忙的，D 总，我也不耽误你太长时间，我一会儿给你发我们的链接，资料你看看，了解一下。我也知道你时间宝贵，你能不能先给我介绍那个公司？因为她们是我们的准客户群体，我挺想发展她们的。你把负责人电话给我，你放心，我自己联系就行，然后联系成了我会给你钱的！"

"对不起，这个忙我帮不了，我现在马上要开始工作了。"D 女士回应她。

"我一会儿给你发资料和链接，你看看。" 对方不死心，依然在说。D 女士知道此时如果她说"好的"，对方还会再发来信息，比如问她看完感觉怎么样，又会开始展开介绍或者要求合作等。因此，她为了避免浪费时间，直接很清楚地说："我没有时间看。"

对方听到她的回复，就没有再发来信息。

【解析】

在本案例中，我们能看到这位瑜伽馆的店长在很努力地争取，希望 D 女士能给自己做转介绍。由于她从未和 D 女士联系过，所以她担心通过这次语音沟通，对方已经了解了自己的目的，以后不太好邀约，又迫于开业初期的拓客压力和自己的绩效压力，于是就直接提出让 D 女士给自己做转介绍。

这位店长热情、主动，她愿意去和身边的人建立关系，并主动说出自己的产品，但显然她并没有达成目标。

那么，她邀约结果不佳的原因在哪里呢？我们不妨先思考一下。

与此同时，你也可以复盘一下自己在实际的销售和拜访中请求别人做转介绍的流程与细节。为此，我给你准备了几个思考题，作为你邀约、拜访的复盘思路，问题如下：

第一，你在什么情况下，会使用电话来沟通合作事宜？

第二，当你想要与潜在客户建立合作的时候，你通常需要做哪些基础的准备工作？

第三，你和潜在客户沟通的内容、方向，有没有提前进行演练？

第四，在你们的首次电话沟通中，你认为会影响结果的语言和行为有哪些？

第五，你在电话里说的内容有没有限制？比如，哪些是可以在电话里说的？哪些是见面才可以说的？

请带着你的思考，来看接下来的内容。我们先来看一下怎样做客户才会主动给你做转介绍。

客户主动做转介绍，一定是建立在客户满意度高的基础上，他们愿意为你链接自己身边的人脉，而不是你主动央求客户为你做介绍。

如何才能让客户主动给你做转介绍呢？

转介绍建立在对个人品牌信任的基础上，这里的个人品牌包含个人价值及个人声誉。

好的声誉一定离不开优秀的产品品质、良好的用户体验和恰到好处的增值服务，这些要超出客户预期。言外之意就是，客户给你做推荐，不仅非常放心，还会以你为傲。这样，客户在放心、愿意的前提下，就会为你主动链接资源和客户，而不是仅仅因为利益和优惠。

反之，像本案例中那样，在他人未产生需求、和他人未建立信任关系的情况下，主动向客户索要他人电话号码，是一个艰难的决定。这不仅很难开口，同时也会为难客户。

没有人愿意私自把自己的朋友、客户的电话号码给他人，因为他们很难和朋友、客户去解释，为什么把电话随意给一个销售人员。在这种情况下，就算要到电话号码，也难以辨别号码的真伪。另外，在没有信用背书的情况下，销售人员也很难仅凭一个电话号码就实现拜访。

在这个案例中，这位销售人员看似每一个动作都做齐了，她提出让 D 女士体验课程，也想请 D 女士吃饭，但仅仅是"要电话"这样一个小要求，一个看似很简单的动作，却没有完成。

究其原因，**最终是建立关系时临时抱佛脚的仓促感和太强的目的性导致了链接失败。**

这时，我们再看这个案例就不难发现，这位瑜伽馆的店长请 D 女士帮自己链接客户，之所以未能如愿，原因有 5 个，分别是她没有让对方对自己有足够的认知、个人价值对对方不大、太着急、目的性强，以及担心被拒绝的心理。

这位瑜伽馆的店长具备很强的主动性，并不是不敢社交或羞于表达的人，所以在将这一关键因素排除之后，我们就知道了她这次未能成功赢得转介绍的原因，是疏于建立关系，以及她在人际关系和日常生活中，是一个以自己的感受为优先的人。

因此，站在这个视角去观察，改变结果就变得简单了。

(1) 不要将微信朋友圈设为"3 天可见"。 当他人不了解你的时候，获知你信息的一个途径就是微信朋友圈的内容。如果你的朋友圈仅展示 3 天的内容，或者没有任何内容，那么你所建立的链接感是比较弱的，极不容易让人信任，也不容易让人轻易回复你发出的邀请，因为对方会觉得其中存在未知的风险。

(2) 使用他人可以直接称呼的微信名字。 你的微信名字代表你的个人身份。微信名字不仅仅是你的个性表达，也是他人对你产生认知的一个途径。如果名字过于稚幼、可爱，就无法让他人感受到专业性；同样，如果微信名字是一串电话号码加上业务和真实姓名，又过于"业务化"。这两个极端都不可取。

(3) 朋友圈的内容要清晰地传递出个人价值和个人风格。我们在发朋友圈时，往往是在某个情境下有感而发，所以你要去留意和观察。翻开自己 3 个月到半年之内的朋友圈，你所传递的 80% 的内容是什么？关键词是正向偏多，还是负向偏多？这将直接影响他人对你的印象。

如果你不知道你的朋友圈要怎样定义个人风格，那么就可以朝着容易让他人对你产生信任的方向定义，这会让你更清楚如何发布朋友圈。你可以在朋友圈展现你的乐观、活力、对学习和运动的热爱、对热点事件的正向反馈，或者他人对你的正向评价、你自己的生活方式和做事态度等，这些都有助于建立信任。

有的人在发朋友圈时，经常"恐吓"他人，比如晒"得大病的结果""不买 ×× 产品的后果"等。要注意，我们的朋友圈并不是一个可以随意公开挖他人痛点的"铺子"，这样做很容易被他人屏蔽或拉黑。试想一下，如果一个人在朋友圈都可以大肆打击、否定他人，那么单独见面后是否会更没有界限地挖他人痛点呢？

从本质上来讲，你发了什么内容就代表你抱有什么观点，你的行为方式及认知水平如何。通过你的朋友圈，他人会对你发布的内容进行判断和评估，考虑自己是否要和你继续沟通或进一步成为朋友或客户。因此，在你邀请微信好友中并不熟悉的人时，朋友圈会起到重要媒介的作用，不可忽略。

(4) 重视个性签名和朋友圈封面。个性签名和朋友圈封面是简单展示个人态度与身份的一个途径。

(5) 在拨打语音电话之前，先用文字留言，提出希望打电话沟通。在与对方并不熟悉，或者不知对方此刻是否方便的情况下，不要贸然要求打电话。

比如在本案例中，看似直接打电话可以说得更清楚，更容易链接感情，也更容易达成结果，但这只是邀约者的主观想法，实际情况是，他人一旦对此事不感兴趣，就会直接找理由挂掉电话。

(6) 当与对方不熟悉，且对方没有表明具体的合作意向时，微信电话要预留出彼此专有的沟通时间。如果一定要电话沟通，则要保证对话顺利进行，他人能够完整地听完你的信息。但时间不宜过长，3~5 分钟比较适宜，这样，在特定的时间内，就不用过于着急地表达。在销售、谈判和人际交往中，稳也是一种实力。

小提醒：邀约时间而非销售时间

3~5 分钟是邀约时间，而不是销售时间。

---

(7) 调整邀约目标。比如在本案例中，瑜伽馆的店长可以把邀约目标变成"和 D 女士见一面"，而不是直接索要他人电话。

我们在建立关系时，应先让对方对我们产生信任和好感，在成为朋友关系之后，一切都会容易许多。

(8) 见面时为对方准备一份小礼物。在本案例中，礼物可以选择瑜伽馆的 VIP 卡，但注意不要是"7 次体验卡"之类的。卡型要与对方身份相匹配，可以以请对方做"体验大使"的说辞来送出礼物。因为如果 D 女士接受了礼物，并去该瑜伽馆健身，那么基于用户体验的满意度，就会有链接合作的可能，甚至主动帮助推广。这时，这位瑜伽馆的店长所能得到的就不仅仅局限于特定客户的电话号码了。

小提醒：送礼物前要多想一想

在送瑜伽卡的时候，要注意瑜伽馆的地理位置是否离 D 女士的公司或家较近。基于瑜伽卡的礼物性质，所以要优先考虑地理位置，否则对方很可能会把"礼物"转送他人。

> **小提醒：送礼的事不要提前在微信里说**
>
> 在未见面之前，不要在微信里说送礼的事，避免对方担心自己被认为只是为了收礼物而见面。

(9) 要求转介绍，一定要有信任基础。 想让别人介绍客户，需要让对方对自己有强烈的信任感，并且对自己经营的产品有深度的信赖，这是基础。

下面，我们来看一下如何发邀约微信。

首先，发邀约微信的礼仪和技巧。

第一，对于不熟悉的人，不要使用语音留言，文字更加直观。

有人在使用微信邀约时，特意发出多条五六十秒的语音，认为对方看在自己说了这么多的份儿上，会给自己回复。

这仅仅是站在自己的角度和立场考虑的结果。我们要清楚，在做事情之前，要先考虑他人的感受，如果对方第一感受不佳，还何谈接受你的产品，或者和你展开接下来的沟通呢？

第二，微信邀约信息要分条发，这样会更清晰、直观，让对方能看出你做事很有条理，有边界感。

其次，微信邀约示范。

第一条文字信息：告知自己的身份及意向。

"你好，D女士，我是××，一个喜欢瑜伽的女孩，也是一个面积300平方米瑜伽馆的负责人。"（告知自己的名字、爱好和职业。）

"我一直关注你的朋友圈，至今已经有8年时间了，但是从来没有和你说过话，是因为怕打扰到你。我在朋友圈看到你的工作动态和你事业的不断发展，很受鼓舞（强调）。你是我特别想成为的人，我想和你成为生活中的好朋友。"

第二条文字信息：提出见面诉求。

"我是否可以去见见你，我们深度认识一下。我还想和你聊聊经营方面的话题，我在经营瑜伽馆，我也想像你一样发展得非常好。不知你什么时候有时间，我想请你喝个下午茶。"

> **小提醒：为什么不用"您"**
>
> 这里示范的文字信息中，之所以没有使用"您"字，一是由于两人年龄相仿，没有必要使用"您"的尊称；二是刻意使用"您"字，反而会让突如其来的邀约带有目的性，不利于建立平等、互相欣赏的朋友关系。

基于这样礼貌且没有过度打扰的邀约，对方会安排时间和你见面，因为这里明确了 4 点：

第一，欣赏对方；

第二，自己的职位属性与女性相关，二人有关于经营的共同话题；

第三，个人定位清晰，即 300 平方米瑜伽馆的负责人；

第四，乐观、热情且礼貌。

在这一基础上，见面时可以聊聊彼此经营和生活等方面的话题，可以邀请对方去瑜伽馆做客，等等。可以事先准备一下拜访中的沟通话题框架。

重点是不要直接索要其他人的电话号码，还"理直气壮"地告诉对方："我给你好处、提成，你给我介绍一下你的客户，把他们的电话号码给我。"

因为只要对方愿意结识你，那么通过持续和对方建立链接，好朋友（同时也是潜在客户）就会越来越多，借助个人价值、个人品牌或团队的专业性，他们自然会为你带来更多价值，这是非常稳定且良性的转介绍，也是持续提升收入的关键。

接下来，我们来看一下熟人之间的邀约方式。

4.2 熟人之间的邀约方式

在日常的销售工作中，熟人一般是相对好邀约的，因为有一定的信任基础。但是，也存在熟人邀约不出来的情况。我们来看下面这个案例，我会做详细的解析，让你避免在邀约上遇见同样的问题。

案例 4-2 E 先生想要和一位老朋友合作

E 先生和 V 女士在多年前曾是上下级关系，E 先生是副店长，V 女士是店员。后来 E 先生从事某奢侈品品牌的管理工作，V 女士自己创业。他们至少有十年没有联系过，仅是通过微信朋友圈看一下彼此的动态。最近，E 先生新换到了保险行业，他给 V 女士发了一条文字微信。

E 先生："V××（姓名），你现在方不方便？跟你沟通个事，看你有没有兴趣合作。"

V 女士："什么事？"

E 先生："电话 OK 不？"

V 女士："好的。"

V 女士接听了 E 先生的电话。

E 先生："我现在在做商业保险，我想和你合作一下，你觉得现在商业保险市场空间怎么样？"

> V 女士："挺好啊。"
>
> E 先生："挺好对吧，我知道你人脉资源挺广，我现在不想联系熟悉的人，我想打陌生市场，你能不能给我做推荐？不耽误你什么时间，而且现在商业保险的趋势，已经和之前我们想象中的不一样了，利润点也很高，我不会影响你和你朋友之间的关系。这样，你推荐给我，我去谈，谈完如果成功了，我们可以分成。不知道你感不感兴趣，因为现在配置商业保险是趋势……"
>
> V 女士："不好意思，你的合作想法很好，但我现在没有时间参与，因为我目前整块的时间都用在了公司运营管理方面。"
>
> E 先生："这样啊，那就这样吧，谢谢。"
>
> V 女士："可以去联系一下其他人，谢谢你想着我。"
>
> E 先生："好的。"
>
> 说完，E 先生挂断了电话。

同样来看几个思考题，这是刻意练习的过程。只要你不断地思考背景信息、情境、人物、关系、诉求，以及完成过程中的细节等，你离想要的结果就会越来越近。这几个问题如下：

- 他们的关系如何？
- E 先生的诉求是什么？
- V 女士的立场和背景信息是什么？
- V 女士是否给到了 E 先生合作空间？
- E 先生没有谈成的重点问题在哪里？
- E 先生怎样做才能和 V 女士建立合作关系，或者让 V 女士给他做转介绍？

我们初看此案例的时候，会感觉似曾相识，因为这就是销售一线经常出现的问题。有的销售人员在邀约时，无论对方是陌生人还是熟人，采用的都是一样的行动。

在这个案例中，部分问题与 4.1 重复，这里将不再赘述。

这里，我将重点给你讲解邀约和拜访中经常出现的问题及解决办法。

我会通过两个部分给你讲解，分别是：

- 如何实现邀约；
- 如何安排见面交流时间。

1. 如何实现邀约

(1) 对于熟悉的人，怎样实现邀约。

① **平日里要有联系，知道对方近况，互相关注。**平日需要有联系，偶尔打电话叙叙旧，或者与对方沟通自己的近况，有助于促进人际关系。

这样就不会像案例中的 E 先生那样，因为想要合作而去找十年都没有联系的老朋友（疏于联系），但打电话时就像面对陌生人一样，羞于开口。

他之所以没有约 V 女士出来，是因为看到 V 女士发展得比他好，不敢贸然约见，就只能在电话里碰碰运气，所以重点强调了行业发展趋势好和返点高的信息。虽然这两点看起来是优势，但在不了解对方的个人价值观、实际的经济状况和发展现状的情况下，强调返佣会显得比较冒昧。

根据案例中的实际情况，因为是熟人关系，所以尽管十年没见面，E 先生也可以以朋友的身份，和对方约一下见面交流的时间。

熟人之间约见面，这是很容易的。

【示范】

"好久不见呀，V××，一直看你的朋友圈，什么时候有空，约你喝个下午茶。"

> **小提醒：关于称呼**
>
> 在本案例中，E 先生的年龄比 V 女士大，所以可以沿袭过去关系中的叫法，直呼其名。这里，你根据实际情境进行称呼上的调整即可。

然后，进一步叙旧和介绍近况，可以拉近彼此的关系。

② **在人际关系上要有长期意识，合作要建立在共赢的基础上。**这是什么意思呢？

这是指我们要重视人际关系的建立和维护，不要主观地认为对方的资源不错、基础不错，他适合做某件事，如果他没有做，就不和他联系了。

因为人们不够确定对方对自己的信任程度和自己在对方心中的价值，所以大部分人即使许久不见面，也会在一见面就立即展开销售。这样一来，之后就很难再把对方约出来。

合作要建立在共识、共需、共同利益之上，而不是像本案例中的 E 先生那样，只是单纯地从对方"资源广""利益多""不费事"的角度去思考。如果不了解对方目前实际是否有需求、他们目前的情况如何、他们是否认同此行业的发展空间和前景、他们目前的时间安排如何、他们对你的信任程度如何，以及他们的价值观如何，而仅谈返佣，就会让关系变远。（类似"不参与实际工作，只挣差价"这样的邀请只会对一小部分人有效，并不是对所有人都有效。）不要去拼概率，而是要赢得真正的认可，这样他人参与的动力才会增强，信用背书的效果也将不同。

在本案例中，E 先生用于建立共识的动作较少。

他只是简单地询问 V 女士："你觉得现在商业保险市场空间怎么样？"我们要清楚的是，建立共识需要拿出一个固定的时间，进行有说服力的展示，并基于对方的时间、意愿和对你的信任程度这几个因素来展开。短促、看似建立共识的过程，仅仅是依托于 V 女士对此行业的理解，在她没有对此行业形成明确认知的情况下，很难有真正的认同，所以此处尽管她回答"挺好啊"，<u>也不代表真正认同</u>。

小提醒：关于对话里的认同

在不确定对方是否认同一件事的时候，问对方"你觉得……""……怎么样"等，只会让对方说出你心中期待的答案。因为当你这样问的时候，对方碍于现场氛围、熟悉程度和个人素质等，一般都会说"挺好啊"，而不会直接给出让你难堪的回复，说"这不怎么样"。

当他人回复"不错啊""很好啊"，就相当于利用阶梯来顺势表达，你看你都说挺好的，我就有个很好的理由继续说下去。所以，在不够了解对方的情况下，不要在他人这样表态之后，就立即展开介绍。

③ **沟通中什么时间说"你觉得……"更好呢？**现在我们知道了对方对"你觉得……"的回复并不一定代表其真实的心声，而有可能只是一种礼貌的回应，因此，对于许久未联系的人，如果想了解对方的真正看法，以及自己是否有机会合作，要在见面的时候沟通，而不是在电话里直接问。

"你觉得现在商业保险市场空间怎么样？"这个问题<u>放在见面时间会更好</u>，因为交谈时间会更加充裕。

注意，在见面时，不要在自我介绍之后上来就问"你觉得……"，因为一旦对方提前感知到你可能要向他销售产品或者让他做什么事，就会出现以下 3

种常见的情况。

- **提前面临产品异议。**在你们还没有建立信任关系的情况下，如果像案例中的 E 先生那样，直接就问"你觉得现在商业保险市场空间怎么样？"，会让你提前面临产品展示被质疑的风险。在接下来的沟通过程中，你将很难得到对方的认同，因为从质疑开始的沟通和在信任基础上展开的沟通，会带来截然不同的结果。
- **对方给出其他建议。**作为旁观者，对方知道你的想法，清楚你想让他做某件事，但如果对方内心不愿意，他就不会往这个话题上靠，而是直接给出其他建议，比如"你应该……""你不要做这件事了，我看另一件事就挺好的"，岔开话题。
- **有 N 个理由让你等待。**有的人不会直接拒绝，但是会让你无限地等待，比如他可能说："嗯，这个挺好的，但我最近时间比较紧张，等我不忙了，咱们可以研究。""我需要和 ×× 商量，等等再说吧。"

(2) 如何区分在电话里谈的内容和见面谈的内容。记住一条原则即可：电话只邀约，见面做展示。如果你们在同一城市，尽可能只在电话里邀约，说出见面的理由和地点，以建立关系。见面则是建立信任、展示具体产品、链接合作的过程，也是增进关系的过程。

怎样说"我不想联系熟人，只想做陌生市场"会实现更好的结果呢？

虽然 E 先生是为了合作而说"我不想联系熟人，只想做陌生市场"的，但是在日常的销售中，人们也经常会和潜在客户说出这样的话。

说出这句话，背后一般有 3 种原因。

- 没钱、没需求、人脉少："我身边没有合适的人。"

- 不相信自己："我身边的人也许有钱、有需求，但他们不一定会在我这里购买。"
- 对自己目前的身份不认同："这是我新选择的行业，我还没有做出成绩，我担心别人不看好我，等我做出成绩以后，我再去找身边的人，或者那时他们就会主动来找我了。"

但是这样说给潜在客户带来的心理感受是：你不做熟人市场，是产品有问题吗？

因此，在做销售初期，不要轻易和你周围的人说这样的话。

说这句话要满足一个条件，那就是对方对你个人或你的事业比较关注。表达的顺序是，在自我介绍之后，说出自己的市场方向、聚焦的客群有哪些，来强化专业印象和个人定位。

当对方没有合作意愿时，有没有其他方式可以从对方那里获得客户渠道呢？

在与他人沟通合作时，要考虑对方的身份、立场、时间、精力、事业方向、经济情况、当前状态和价值观等多重因素。如果对方层次较高，就不要贸然提出"返佣"的合作方式。

在建立关系后，当对方对你的专业能力、做事态度和价值观都较为肯定时，先让对方成为你服务的客户，在对方体验之后，融入他的圈子，这是一种方法。

实际上，当你的专业性很强、提供的用户体验很好时，对方是会愿意主动把你介绍给他人的；反之，专业性不够又急于求成，只会让人敬而远之。

2. 如何安排见面交流时间

提前和潜在客户约定见面交流的时间，这一点很重要。

在销售拜访中，当你不清楚对方能给你留出多少时间时，接下来的交谈就容易受到干扰。如果对方不感兴趣，就会提前找借口结束话题或离开。

通常他们的借口是：

- "我临时有个会要开，不好意思。"
- "不好意思，同事找我有急事处理一下。"

当你不清楚对方会给你留多少交流和产品展示的时间时，你的交流节奏就会略显着急。

因为在你们对话时，但凡对方不时地看表，或者望向隔壁或窗外，你就会因不确定对方的想法、感到对方对自己不够认同而着急，从而在表达时容易语速加快、内容过多、逻辑混乱，或者没有信心继续说下去，提前结束谈话。

在商业洽谈时，如果你们没有互动，你不清楚自己的观点是否被对方采纳，又感受到对方对自己不感兴趣，就很难真正地把自身的价值发挥出来。

因此，你需要在邀约时就提前和对方定好时间，明确对方可以给你留出多少时间。你们可以约在对方公司，如果约在茶室、咖啡厅等其他地点，也要和对方明确具体的时间范围，这样你们才能在较为充裕的时间里清晰地交换信息，你的表达也将更自如，建立关系也会更从容。

【示范】

E 先生可以这样说： "V××，我看你的事业发展得太好了，我们都好久没见了。我想和你约一个小时，和你聊聊，看看我们是否有合作的机会。"

若你约见的是不熟悉且职位较高的人，则可以这样说： "×× 总，和您约好了，明天早上去您公司拜访。我知道您的时间很宝贵，所以不过多打扰您，我想请您留出一个小时给我。我为这次见面准备了一些资料，想和您具体沟通一下。请问我几点去您那里比较合适呢？"

若你约见的是许久未见的老朋友，则可以这样说： "××，我们都好久没见了，不知道你最近时间安排怎么样，什么时候有空，我们一起约个下午茶呀？"

约定具体的交流时间，看似很难说出口，但一旦掌握这个邀约原则，就会让你在交流的时候赢得机会。而如果对方不够明确你的目的、认为你不能给他带来价值，或者平日疏于联系，那么你突然热情地邀约、请客，就会让人有一点防备之心。

这种防备其实是害怕被打扰、被推销，但又不好意思直接拒绝，这也是他人不想见面的原因之一。如果在邀约时，你能够把见面交流的时间范围提前告知对方，就代表着你具有时间观念和效率以及边界感，不会过多地打扰他人。

为什么见面的时间越短越好？

虽然我们总结了邀约的注意事项并具体示范了邀约方式，但是我还要再次强调，见面的时间应尽量安排在 2 个小时以内，甚至可以把时间缩短到 15~30 分钟。

这是因为，你邀约的时间越短，你越容易得到拜访机会。

现在让我们换个视角来看看，如果有人想和你见面，说只需要 15~30 分钟即可，考虑到对方对你的尊敬和对你的时间的尊重，以及为了和你见面而提前做的准备，你是否愿意拿出不到 30 分钟的时间和对方见一面呢？

一般人很难拒绝 15~30 分钟的邀请。

在我自己创业做形象设计时，如果我想要和对方建立合作，但对方完全不认识我，我就会直接发出邀请，说出合作的诉求，并提出见一面的想法，请对方为我留出 20 分钟的时间。

这种方式让我得到了非常多的立即见面的机会。因为一旦你这样做了，你就把结束话题的权力交给了对方，所以我希望你能在此基础上，了解这个邀约原则的重要性。

这样一来，对方就不会因为担心见面后难以当面拒绝你的请求而索性不见你。

为什么不担心时间短的情况下谈不透呢？

说到这里，你可能会想到一个很重要的问题："如果我能把对方约出来，我怎样才能在这么短的时间内把想说的话表达清楚呢？"

首先，我们需要明确，清晰的表达有以下 3 个前提：

- 建立在合作的想法上；
- 建立在你充分的准备上；
- 建立在你专业的态度上。

在满足这 3 个前提的情况下，你会在 30 分钟内完成清晰的表达。因为你已经想好了话题切入的方向以及要和对方说的话，关于要做的产品展示和项目说明，也提前准备好了相应的思路和 PPT，再加上你的专业态度和自信，所以你能够在这期间表达清楚。

如果不能够表达清楚，请在见面之前反复练习，进行沟通和产品展示能力的训练，见面之后再不断地去做复盘（复盘步骤请参考 1.4.5）。

这时，你也许还会有一个担心："如果对方觉得我介绍的内容比较好，可是又到了约定好的 30 分钟，怎么办？我要结束这次拜访吗？"

如果约定时间到了，是否要结束拜访？

其实你可以把 15~30 分钟的时间当作一个见面的机会，一个进行产品展示、项目展示、个人展示的机会，一个了解对方实际情况的机会，在这期间，你可以根据自己的感知确定你的交谈方向，以匹配对方的需求，满足其需求。

一旦对方对你或你所阐述的内容感兴趣，那么接下来延长时间就是自然而然的事情了。这时，就会出现反转的局面，对方会提前问你："一会儿你是否有其他安排？我想和你多聊聊这个部分的话题。"这一切都取决于你的整体表现及个人价值。

下面，我再给你讲一个故事，来增强你的信心。

案例 4-3　一次陌生拜访的故事

　　曾经，我在一个大厦的电梯里发现一张海报，上面写着"口才演讲，专门针对××人群"，我直接加上了海报上留的微信号。对方是这家公司创始人的助理，我和对方说了合作的想法，请她帮我和创始人约 20 分钟的时间。对方直接回复我说："你今天 12：50-13：10 来公司找她吧。"因为创始人还有其他安排，所以对方继续和我说："如果这个时间可以就来，如果不行，那就再约吧。"

　　我距离这家公司有 1 个小时的车程，于是我马上就出发了，在 12：50 准时出现在了他们公司。当时那位创始人正在收银台后吃饭，她没有想到我会这么准时，有点惊讶地说："你这么准时啊，你稍等我一下。因为我一会儿约了美容，所以我就只能给你留这 20 分钟的时间了。没想到你这么准时。"

　　由于我只约了 20 分钟，所以在我接下来的沟通中，我用了 3 分钟做自我介绍，3 分钟说出合作诉求，5 分钟说出产品的核心优势，基于我的准时和表达时的自信，再加上产品的核心价值，对方表示很心动，于是主动和我讲起了她的故事。

　　她说到她之前曾分股权给团队，却遭到了背叛的事。然后又说："我虽然创业 16 年，但是业绩还是主要靠自己，团队业绩不稳定，很难带出来。"她一边说，一边当着我的面哭了起来。她问我接下来是否还有其他安排，她决定不去做美容了，想和我好好聊聊，看看我是不是能先帮她团队提升一下销售业绩。

　　于是，我们直接把培训安排在了当天下班后的时间。她还问我离她那里远不远，要给我安排一个美容，让我在美容院等她的团队下班。当时离下班仅剩 4 个小时,但我想根据当时和她谈话的内容,回工作室做一下课程的准备,所以并没有接受去美容院的建议。

当天傍晚,我在她团队下班后给他们做了一次 3 个小时的培训,得到了他们团队全体成员的认可。在那次培训之后,我们展开了合作。

看完这个案例之后,我们能够感受到的是,机会是自己创造出来的,也是自己争取过来的。在各个阶段,把控好时间,做好个人价值的输出,力所能及地帮助他人,你的收获就会自然而然地到来。

4.3 定向邀请重要的人的具体做法

我们有时会举办活动，邀请比较重要的人来参加。那么，对于这类人，该如何去邀请呢？

首先是不要群发。我们在发出邀请信息时，要有针对性，不要群发，应定向邀请。

什么是定向邀请？这是指，邀请信息中要带上对方的称呼，并加入邀请对方的原因，以及对你与对方建立"情感"的情境的具体描述。

不要让对方觉得很突兀或有压力，一旦对方认为你是有求于他，或者这件事和他无关、他不感兴趣，对方就会不愿意参与，所以把握好分寸非常重要。

【示范】

第一条信息框架：亲切问候＋描述关系＋与对方认识的情境和具体收获。

"邦尼老师您好，我是您的粉丝，我通过您的训练营学到了非常多的内容，这让我不仅提升了业绩，就连和我家人的关系都改善了。非常感谢您一直以来的输出，让我减少了很多销售和个人成长方面的困惑。"

第二条信息框架：简要的自我介绍＋活动主题介绍＋精准人数＋参与人群。

"我的名字是××，您可以称呼我××（相对亲切一点的称呼，不要只留一个非常正式的名字），我所从事的领域和行业是××（让对方放心）。"

"我最近和朋友做了一个 ×× 主题的活动（说明主题），参加者一共有 30 位（精准人数）。我身边的很多朋友是 ×× 领域、×× 圈子的人（让对方感知到价值），我想做一个高质量的 ×× 见面会（说明意义，消除对方的防备心理），我希望引荐您和他们认识（含蓄表达帮助对方拓圈的隐性信息）。"

"我也想通过这个活动见到您，这样就可以当面和您学习（表达对对方的尊重）。"

第三条信息框架：活动日期 + 具体时间。

"活动会在下个月的 15 号举办。"（提前 20 天左右通知，以让对方提前留出时间，避免由于时间太紧张而无法参与，同时也可以传递出活动准备之充分，让对方感受到活动的价值。）

"邦尼老师，我们活动的时间安排在 18：00-21：00，具体环节为……"（告知对方细节，避免对方对某个环节的设计不够明确或感到不适应，从而极大程度地降低你被拒绝的风险。）

第四条信息框架：为他人考虑 + 派车接送 + 提前确定位置。

"如果到时候您有事需要提前回去，我将派车送您回家，不影响您休息。"（减少对方的顾虑，如果不喜欢活动形式或参与活动的人，可以提前离开。送对方回家，显示了你对对方的尊重。）

"请您告诉我您的位置，我会亲自去接您。"（再次强调对对方的重视，会让对方愿意接受邀请。）

小提醒：发信息的顺序

这些信息不要一起发出去，当你发出第一条之后，要等待客户回应，然后再发活动邀请给对方。

另外，需要注意的是，你在活动中不能有任何销售产品的行为，一定要以建立关系和塑造个人品牌为宗旨。

这次见面机会将最大程度地让对方对你有全面的了解，如果你想和对方建立合作，可以在活动结束后的某一天，单独邀请对方，获取一对一见面的机会。

如对方接受邀请参加了活动，不要忘记在活动结束后，向对方表示感谢。

活动结束后的感谢信息框架：尊称 + 感谢 + 提出单独见面的邀请。

"邦尼老师，感谢您今天抽出时间参与我们的活动，和您见面之后，我更感受到了您的学识和魅力。认识您非常高兴，我的朋友们也很开心能够认识您。希望下次有机会可以单独请教您，与您交流让我获益匪浅，很期待和您的下次见面。"

一次良好的体验，让对方感知到你值得成为朋友，会为你赢得下一次见面的机会。

4.4 建立信任的关键在于拜访前的准备

在与客户见面之前，如果你能够充分地准备并注意细节，那么你在接下来的拜访过程中，获得信任的可能性就会增大。

我归纳了 4 个日常拜访中容易忽略的细节，它们分别是：

- 见面时要有饱满的精神状态；
- 注意个人形象上的细节；
- 注意所准备的展示资料的细节；
- 注意车的整洁。

1. 见面时要有饱满的精神状态

当你工作太疲劳，或者情绪低落、心情不好的时候，不要去见客户。

可能你会担心错失见面机会，但是糟糕的状态和低能量会让客户联想到你的工作与生活节奏不佳，或者担心你精力过于分散而不能更好地交付产品或服务。另外，状态不佳时，也会影响你谈判和销售水平。因此，不如等到自己状态好、能量高的时候再与客户见面，那时你的整体表现会更好。

2. 注意个人形象上的细节

- **包里准备好小镜子。**在与潜在客户见面前，可以通过小镜子确认一下自己的形象状态。最好不用手机照，因为手机自带美颜功能，面部脱妆的细节问题有可能会因为相机滤镜的关系而看不到。
- **注意补妆。**如果有黑眼圈，出发前可以敷面膜、化妆，通过遮瑕来修饰。
- **重视头发的干净。**头发要洗干净，发型、造型要符合自身的形象定位。
- **指甲要干净。**不要残留未卸干净的美甲片或留太长的指甲。
- **衣服不要有污渍、异味。**临近与客户见面时，不要去吃火锅、烤肉等，这种餐厅环境会让你的衣服带有异味。
- **衣服要整洁、熨烫过。**有的衣服虽然是新的，但是袖口、领口、口袋或扣眼等边缘容易出现小线头，穿之前要留意，提前将线头剪掉。

　　有一次，我引荐一家公司的总经理去见一个对他很重要的朋友（潜在客户）。他很重视，穿了一件非常新的衣服，但他没有注意到领口、扣眼边缘的小线头，于是我提醒他剪掉。客户会在见面的第一时间通过这些细节直接评判他的身价和品质，所以注重细节格外重要。

- **鞋跟和边缘要干净。**注意细节，有人穿高跟鞋，但鞋跟歪了或边缘脏了，这些都需要及时处理。
- **不要用过浓的香氛。**过浓的香氛会引起他人的不适感，在见客户时，要酌情使用。
- **自己的包不要太乱。**在拜访客户时，能够被他人看到的东西越整洁，代表你做事越细心。

3. 注意所准备的展示资料的细节

拜访时所需的资料要提前准备好，确保第一时间可以找到。

(1) 如果是电子资料，就提前放到一个文件夹中，避免计算机桌面混乱而找不到文件。放在一个文件夹中，查找方便，可以节省时间。有的人计算机桌面混乱，花好长时间才能找到需要的文件，这会让客户在第一时间感知到他们做事缺乏秩序，从而在专业性上减分。

另外，我们在一次拜访中的销售时间是有限的，如果找资料的时间占用较多，就会增加自己的时间成本。

(2) 如果是纸质资料，应提前准备好。当着客户的面，一边说"我给你看看我们公司的介绍"，一边翻包找资料，结果找来找去没找到，然后一边挠头，一边不好意思地说："哎呀，出门着急忘带了。"这种情况一定要避免。

(3) 电子设备需提前充满电。不要当着客户的面说电脑没电了，问对方哪里可以充电，甚至忘带充电线，问对方有没有……这种不严谨的做事态度会影响客户对你的信任和转化率。

(4) 注意手写本的风格，确保整洁，准备好笔。手写本要字迹清晰、整洁，风格不要过于卡通或老气。另外，还要确保写字的笔有墨水，最好选择品质好一点的笔。

4. 注意车的整洁

如果开车，要确保车身干净、内饰整洁。

成功案例

有一次，我在深圳，我的一个客户把我引荐给她公司的老板。她亲自开车来酒店接我，来之前还特意把车洗了一遍，车内非常干净。这就代表重视细节和为人贴心。

失败案例

有一个销售员在拜访客户时，和潜在客户谈得非常愉快。

临近中午，客户向她提出一起吃个午饭。当时没有人开车，她就很热情地说："坐我的车去吧，但我的车有点乱，您别嫌弃。"客户说没关系，可是当客户一打开车门，就看到有孩子吃的零食的包装袋散落在后座上，还有高跟鞋和一些化妆品摆在副驾驶位上。她一边快速收拾，一边不好意思地说让客户等一等。

我们在拜访客户时，尤其是那些新认识的客户，一旦我们的个人形象不佳，就会延迟彼此建立信任的时间。因为，只要我们出现在客户面前，我们所有的表现就都代表着销售行为细节决定成败，不可不慎。

4.5　拜访时准时到或提前到

现实中存在许多因素，会导致我们比约定时间早到或迟到。

鉴于此，我归纳了 3 个初次拜访时需要注意的细节：

- 提前查好到见面地点所需的时间，不要迟到；
- 约在第三地点时，注意时间观念；
- 比约定时间早到时的做法。

1. 提前查好到见面地点所需的时间，不要迟到

这里需要注意以下几个细节。

(1) 在见面前一天的晚上查看导航，得到的时间也许不够准确。这取决于你看导航的时间是否和第二天出发的时间相同。（如果在半夜的时候看，由于路上车少，所以需要的时间会比白天少许多。）

(2) 停车位也许紧张。

(3) 拜访地点也许比想象中难找。 假设对方公司在某办公楼里，该办公楼是 ×× 座，而此区域有多座办公楼，你去拜访的 ×× 座恰巧比较远，所以走路需要一段时间。那么，这段路程所需的时间，就不在你之前预设的时间之内，所以时间要预留得富余一些。

(4) 拜访地点需要刷卡乘电梯或有人来接。 在第一次去对方公司拜访时，无法确定对方公司所在的办公楼是否需要刷卡乘电梯，或者需要派人到一楼来接。如果我们的拜访时间正好赶上上下班、午休等高峰期，那么等人下楼来接和等电梯的时间通常会超过 10 分钟。

(5) 提前看第二天的天气。 如果没有看天气预报，第二天出门时赶上雨雪天气，那么按原定的时间出发就可能会迟到。虽然天气问题导致迟到情有可原，但是依然会显得你不够专业。

(6) 确定出发时间是否早晚高峰。 如果出发时间赶上早晚高峰，则要提前出发。

除此之外，有时迟到也是自律性差的一种表现，明明心里想着不能迟到，但还是迟到了。以上 6 个细节，是很多人在拜访时容易忽略的。

案例 4-4　不专业的 H 女士

有一次，S 先生想要购买保险产品，于是就约了 H 女士——一名保险销售顾问见面，但 H 女士在约定时间过了 20 分钟后才到达。

S 先生见到她时，她脸上的粉底已脱妆，她急忙向 S 先生解释道："非常不好意思，今天去医院做产检了，所以到晚了。"说完迟到原因，她就开始介绍保险产品。S 先生问到具体的保险产品的保障范围时，希望她能把重点大致写出来，以方便参考。但是她翻遍了兜，就找到一支不带帽的笔和一个小本子，本子的封面上是磨损了的卡通图案。

【解析】

从一个个小细节里，就能看出一个人的整体素质，以及是否专业和值得信任。但即使销售人员的表现不得体，客户碍于面子，也不会立即终止对话。

他们都会象征性地询问一些问题，然后表示需要回去商量一下，但过了很久也没有答复。

有人也许会说："H 女士很真诚啊,她可是在做产检,为什么不给她一个机会呢?"

这是因为,在销售中,任何迟到行为都是缺乏专业性的表现,解释的过程也是在浪费客户的时间。

自己的事情未处理好,不应是博取他人同情和理解的砝码。未按约定时间到达,这是没有做好时间管理的问题。试想我们作为消费者,花钱购买产品或服务,是建立在自己的需求被满足的基础上,我们并不希望销售人员的个人因素给我们购买的产品或服务带来不确定性和麻烦。

当我们切换成消费者的视角来考虑的时候,就可以理解为什么 S 先生不给她机会了。

在一次销售拜访中,如果客户认为你不专业,那么即使客户当时说"你讲得很不错,我回去考虑之后再给你答复",后续你也很难有再次拜访的机会。损失这种有潜在需求和购买实力的客户,是非常可惜的。

如果存在再次拜访的机会,那也一定是基于以下 3 个前提:

- 你们的关系不错,客户愿意给你捧场,或者有求于你;
- 你所售卖的产品折扣力度大、客单价低;
- 你给出成本价、远低于市场同类产品的价格。

除此之外,再次拜访的机会和转化率都微乎其微。

2. 约在第三地点时,注意时间观念

案例 4-5 办会员卡的 L 先生

L 先生在与客户第一次见面的时候,约在了咖啡厅。双方见面后,他让客户等他一下,他去点咖啡,但是客户等了 10 分钟还没见

他回来。原来他在前台点咖啡时，详细问了会员卡的优惠活动信息，还填写了会员资料，所以耽误了时间。

【解析】

在销售中，我们要重视客户时间，与客户见面的每一分钟都要重视。

如果想要优惠，可以提前去咖啡厅，在客户到之前了解咖啡价格、品类和优惠信息。在客户来的时候，询问客户喜欢喝什么，或者按照咖啡厅的实际热销产品做出推荐，会提升好感度，让人感觉你很贴心、用心。

3. 比约定时间早到时的做法

如果你和潜在客户约好了见面时间，但你早到了 1 个小时，此时要不要发微信或打电话告诉客户，你已经到了呢？

(1) 提前 1 个小时和客户再次确认见面信息。在距离约定的见面时间还有 1 个小时时发微信提醒客户。

【示范】

"××总，我们 1 个小时后见，期待和您的见面。"像这样简单的一句话再加一个微笑的表情即可。因为是初次见面，关系不熟，所以不要发大的图片式的动态欢乐的表情，否则会显得不够正式，与身份不符。

(2) 从销售谈判的角度来说，你可以提前到，但不要提前告知。提前告知会让对方觉得你过于重视对方，特别在意这次见面，会让你的气场变弱，不利于销售谈判。

(3) 如果约在对方公司，且对方公司乘电梯不需要刷卡，可以提前 5 分钟发微信告诉对方。

【示范】

"您好，××总，我到您公司楼下了，我现在上去是否方便？"

(4) 如果提前 1 个小时到达约定的第三地点，可以提前 15 分钟告诉对方。

【示范】

"××总，我到了，我在××处等您。"

但不要在提前 1 个小时到的时候就告诉对方。这是因为，如果你提前 1 个小时就告诉对方"我已经到了，您不要着急"，虽然看似很礼貌，但也会让对方感受不佳，有种他自己迟到的错觉。

(5) 如果约在第三地点，提前问客户是否开车，帮客户找好车位。

小提醒：提前了解客户是否有车

按照你预约的客户的层次，预先了解对方是否有车。如果明知道客户没有车，还故意问是否开车，就有失礼节，所以要视具体情况而定。

---

(6) 如果约在第三地点，要提前到。用文字描述标志性建筑物，或者直接拍一张你所在的室内位置的照片，发给对方。

【示范】

"我在这里等您。"

如果可能的话，你可以提前安排好喝茶或喝咖啡的位置，在门口等待客户，而不是在座位上等待。

4.6 到了约定时间，客户迟到了怎么办

在你第一次和潜在客户见面时，因为对方还没有真正感知到你的价值和专业性，所以也许不会重视准时这件事。

如果对方超过约定时间 30 分钟还未到，而你又很重视这次见面，那么这时怎样才能不紧张呢？

首先，你要清楚导致对方迟到的原因和你应该采取的具体行动是什么，这样会有效缓解自己"被人忽视"的不良感受。

假设这次拜访的背景如下：

- 你很重视这次见面；
- 对方是某个项目的决策者；
- 对方的公司实力很强；
- 这是你们首次见面，对方并不一定重视你的价值和专业；
- 为了去对方公司拜访，你花了很长时间在路上；
- 这次见面是他人转介绍。

在这种情况下，即使对方说出迟到的理由，大部分销售人员也依然会感觉

自己没有被重视，并且因为在等待的时间里感到紧张、无所适从，所以会在接下来见面交流时变得有些局促、缺失自信。

那么，如果在你拜访客户时，过了约定时间很久对方也没有到，你需要做什么呢？

在讲具体做法之前，我们先把视线放到约定时间的前一周，那时，你要与对方确认见面时间。客户没有在约定时间到的原因之一，可能是你没有提前做好确认，所以我们在此做一下铺垫。

1. 在见面前一周，再次确认见面地点和时间

【示范】

"您好，××总，您下周什么时间方便？我去您公司拜访您。"

"好的，那我就下周一上午9点去您公司。"

"××总，上午9-10点您方便吗？我为您准备了××资料，大概需要一个小时，和您做汇报、交流。"

2. 在见面前一天，与对方确认第二天的拜访

【示范】

"××总，明天上午9点就能见到您了，很期待和您的见面。"

3. 在见面前一个小时，告知对方自己已经出发

【示范】

"您好，××总，我已经出发了，一个小时后见。"

通过这 3 条，按照时间节奏来确认对方的行程和时间安排是否有变化，同时也起到小提醒的作用。因为这类客户自身的工作量大、负责的事情较多，所以在真正感知到你的个人价值之前，很难让他们准时赴约。

为了避免对方在工作的间隙时间匆匆见你一面，提前确认好时间非常关键。

不用担心会打扰到对方，因为只要你是礼貌的，就不会被认为是一种打扰。如果对方临时有变化，你还有机会约下次见面的时间，而不是对方临时有事，告诉你下次再约，就没有后续了。

4. 如果确认之后，对方还是迟到了，我们该做什么

因为已经和对方确认过时间，所以即使对方迟到，你也不用过于紧张。

根据所拜访的人的实际地位和实力来看，在你和对方确认过 3 次时间并得到回复之后，如果对方还是迟到了，那么一般存在以下 3 种常见的情况。

(1) 对方会向你说明。比如："不好意思，我这边需要晚到 20 分钟，你先到我办公室等我一会儿。"

(2) 对方没有向你说明，不过在见面之后和你解释了迟到的原因。这代表对方临时有事。

(3) 对方没有向你说明，见面之后也没有解释迟到的原因。如果遇到这样的潜在客户，你就要考虑一下，是否还要和他们建立合作或为他们服务。你也要有所选择。

当你明确以上 3 点之后，在等待的时间内，你可以做以下几件事。

第一件事：为接下来的见面再次做准备。

比如，你可以规划一下在接下来见面的一小时内的交流节奏，为各个部分的沟通和产品展示设定好时间。尽量在 20 分钟内把事情表达清楚，并且要做到有说服力。

因为虽然你们约的是一个小时，但是完全有可能因对方公司临时有事，导

致你们的对话被打断，或者提前结束，所以在等待的时间里，你可以提前演练。

第二件事：看与个人成长或你的项目相关的信息。

在任何情况下都不要浪费时间，学习与自我成长及你的项目相关的信息，会让你信心增加，不要在等待中焦虑地刷与你无关的短视频。

这是因为，在他人见到你的第一时间，你当时的表现会直接影响对方对你的看法。人们会根据首先映入眼帘的信息来形成对他人的第一印象。

这里传递了两个信息：

- 在任何情况下都不要浪费自己的时间；
- 在第一次接触时，你的状态会让对方直接感知到是否值得与你见面，并影响合作关系的建立。

案例 4-6 拜访等待的故事

有一次，我和一家保险公司的大团队长约了见面。见面那天正好赶上大雪天气，积雪厚达 15 厘米，路面结冰，全城人的出行都受到了影响。因为这样的恶劣天气，他临时提出把约定时间推后一个小时，告诉我："如果你早到了，就在我公司的办公室等我一会儿。"因为我在前一天晚上就做好了提前出发的准备，所以我还是根据之前约定的时间到了他公司。

他的办公室里摆放了许多奖牌和获奖照片，还有许多书。

我在等待的时候，没有给他发信息说我到了。（因为已经约定好了见面时间，所以没有告知对方自己提前到的信息，否则会让对方因"迟到"而感到抱歉或着急。）在他的办公室里，我一边等他，一边工作。我从包里拿出我的平板电脑和平日用到的 A3 纸，开始手

绘思维导图。等他到的时候，看见我在工作，于是很热情地和我说："这大雪天的，真不好意思，让你久等了。我今天要给你引见我们公司的老板。看你现在写的这些内容，我很震惊啊！"（我有时会在朋友圈发布我的工作量，所以他人对我的学习和工作状态会比较了解，知道我并不是在客户面前刻意而为之。像这样，你的投入和连等待时间也不浪费的工作状态，会让人肃然起敬。）

以上内容是我基于销售拜访的实际情境而提供的一个好的经验，希望对你有所帮助。我们要明确，在销售拜访中，由于对方对我们不够熟悉，所以事事皆关键。

4.7　邀约地点的选择和宴请礼仪

我们在请客户吃饭时，也需要注意宴请细节，这会让我们的谈判更加顺利。

案例 4-7　请客户吃饭的细节

在我刚刚跨界转型不久，有一天，我的一位朋友（他在沈阳非常有影响力）说要给我引荐两位客户，其中一位是国内一家知名教育培训机构的创始人（他刚从英国回来，只在沈阳待 3 天），另一位是做全国艺术演出的老板，他旗下有很多公司。

朋友说："他们的资源都和你的客群匹配，我一起给你介绍一下。"

当时，我的这位朋友正在某个酒店开为期 3 天的公司会议。因为那位创始人只在沈阳待 3 天，所以他第一时间就帮我约出来，他说："我只能利用中午 3 个小时的休息时间和你们见面了。"于是我们就约在了中午见面，见面的地点就安排在他们开会的酒店附近。

以下是我们在请潜在客户吃饭时需要注意的宴请礼仪及细节。

(1) 不要离主地点太远。 位置不要离介绍人开会的地方太远，否则在对方时间有限的情况下，路上花费的时间越长，中午吃饭聊天的时间就越短。（因为这次见面主要是我的朋友帮我引荐客户，所以我就需要注意，把时间多放在餐厅里，让大家有更多时间认识彼此，这一点更重要。）

(2) 饭店的调性要提前告诉介绍人。饭店的调性要提前告诉介绍人，请他判断一下你选的饭店是否符合其他人的品位和喜好。

请客户吃饭，并不是直接安排好饭店，然后把位置发给客户就可以了。虽然看似这样已经准备得很充分了，但是如果你没有提前让对方知道这个饭店，并确认是否符合对方的口味及喜好，那也是一种怠慢。

因此，你要提前和你要请的人确认。需要注意的是，比如在本案例中，我请三个人吃饭，但不用和他们一一确认（因为其中两个人我并不认识），我只需要问帮助介绍客户的朋友就行。这就代表着我重视他的感受和意见。

只需要得到他的认可就行，而不是先问其他人喜欢吃什么，再问他喜欢吃什么，这太刻意又很麻烦。因为他了解其他人的品位，这是关键所在。但是，我们不能谁也不问，自己随意做主。

(3) 注意"今天中午想吃什么？"和"喜欢吃什么？"的区别。注意，你和对方确认"今天中午想吃什么？"和直接问对方"喜欢吃什么？"两者是有区别的。

这是因为，如果问对方"喜欢吃什么？"，这时就算你想请对方吃比较贵或品牌比较好的餐厅，也会让他人感受到，自己虽受到尊敬，但同时也有吃人嘴软的压力，这反过来会让你们的关系疏远。

但是如果你问对方"今天中午想吃什么？"，则是关系更近的一种体现，不管你请多好的餐厅，都会让他人沉浸在一种"我每天的生活都是如此"的状态，而不是在某一特定时刻请对方吃了顿贵的、好的，给对方一种"改善生活般的"冒昧感受，这点我们尤其要注意。

具体做法如下。先问对方想吃点什么，注意这里使用尊称或"××总"。

"您今天中午想吃点什么？我查了一下，在您开会的酒店附近有三个比较好的选择，我都已经打电话确认过，都有包房。我把这三家餐厅的信息都给您发过去，您看看喜欢哪一家的风格和口味，我提前订好。"

给对方多几项选择，是一种尊重。

如果对方让我们定，那么我们可以根据实际情况这样说：

> "我推荐 ××，我看这家是私房菜，看评价说这家餐厅的主厨特
> 别擅长 ×× 菜系，我看点评很不错，我们可以去尝尝。同时，这家
> 上菜速度比较快，环境比较安静，适合我们谈话，装修风格也不错。"

(4) 提前订餐厅的 3 个细节。为了让就餐体验更舒适，我们在订餐厅时也
需要注意一些细节，具体做法如下。

- **使用 App。**在见面之前，如果你不知道有什么好的餐厅，可以通过大
  众点评等 App，以介绍人开会的酒店为中心，搜索附近 3 千米范围内的
  餐厅。（一般看大众点评上的餐厅环境和菜品介绍、价格定位，就能
  大致了解餐厅的实际情况。）不要因为 3 千米之外有自己熟悉的餐厅，
  就特意绕远过去，中午的时间很宝贵，所以找到近距离的高品质餐厅
  很关键。（除非是特殊情况，比如对方所在位置附近并没有非常适合
  的餐厅，所以你要视具体情况而定。）
- **确认包房环境。**要确认餐厅是否有包房，包房环境是否是密闭的。有
  的餐厅虽然有包房，但是各包房中间只隔了一层帘子，在这种情况下，
  如果正赶上旁边的包房在组织家庭聚会，那么他们大声说笑就会影响
  你们的交谈质量，破坏你难得安排的见面氛围。
- **确认上餐速度。**要提前确认该餐厅的上餐速度，因为你们约在午饭时
  间，去掉路上的时间，吃饭的时间也就 2 个小时左右，恰好又赶上饭
  点，你选的餐厅又比较火，所以如果上餐非常慢，就会影响客户的感受。
  注意，所有的细节都会影响他人对你的整体印象。

(5) **提前安排车位。**确认客户是否开车前来，以提前帮忙安排好车位。在本案例中，我的做法是，亲自开车接帮我引荐客户的朋友，然后请这位朋友问其他两位客户是否开车过来，我来提前安排好车位。

(6) **不要在客户未到时，就把菜全部点好，或者不让客户点菜，自己当着客户面把菜全部点好。**这里，你可能会想："是不是提前让餐厅把菜都做好更好呢？"不过，需要注意的是，你只能点一些该餐厅的热销菜品，而不能全部点完，因为你要给客户留下点菜的空间。

当着客户的面把菜全部点好也会不礼貌，因为你不可能和客户一一确认全部菜品，问他是否喜欢，客户也不会如实告知。

出于礼貌，客户一般都会说："你定就可以。"如果对方时间非常紧张，你们吃饭的时间只有 40 分钟左右，那么你可以提前做主，把菜全部点好。总之，要视具体情境而定。

但如果你提前点了一些该餐厅的热销菜品，也要在客户到场的时候，和大家说明："我提前点了几个菜，是他家比较好吃的，因为这几个菜是每天限量供应，同时烹饪时间较长，所以我就提前点好了，大家可以先尝尝。这是菜单，大家再点一些喜欢的。"同时双手把菜单递给介绍人。这样的说明就代表你是一个体贴、尊重他人、待客周到的人。

还要注意，不能因为是你请客，你就全按自己的喜好点菜。如果遇到客户不点菜、让你来定的情况，也要注意这只是一种礼仪，你可以把菜单交给介绍人，因为他们彼此更熟悉，所以由他来做决定即可。

(7) **饭桌上迅速建立关系的潜意识投射法。**快速建立信任、拉近关系的一种做法是，如果客户座位离你较近，那么在他夹完某个菜之后，你也可以夹同款菜，如果菜离你比较远则另议。这样做的话，通过潜意识投射，暗示你们口味相同，你也喜欢他点的菜，这是建立关系的一种方式。

只要我们不是素食主义者或不能吃某种食材，就不要因为不喜欢吃他人点的菜，就一口不吃，这是不礼貌的行为。即使再不喜欢，也要浅尝几口。因为午餐聚会是为了认识人，而不是为了吃而吃，不要混淆了重点。

(8) 邀请介绍人坐主位。 邀请介绍人坐主位，一是照顾客户的感受，二是在上菜的过程中，避免让客户受到打扰。自己可以坐在靠门口的位置，不要担心自己坐在门口的位置没有面子。

(9) 提前确认餐厅结账位置，第一时间买单。 切忌你请客吃饭，最后却由他人买单，这样会比较尴尬。不要认为自己是女性，或者认为自己挣的没有他人多，或者觉得这次请的人不值，就让他人买单，这是有失礼仪的。

你要在菜全部点完的时候，借接电话或去卫生间的机会提前结账。即使在就餐过程中又加餐，你提前结完账后再为后来加的菜品买单，和你在饭后和客户一起经过收银台买单，这两种做法带给客户的体验不同，因为客户有可能会和你抢着买单。

4.8 初次见面时快速建立信任的方法

在你初次见客户时，在自己不够确定对方是否有需求、自己是否受欢迎的情况下，会担心对方不重视自己，不知道从哪里切入话题，展开对话，以让对方在短时间内信任你，这时该怎么办呢？

通过前面的学习，我们已经知道要给予对方价值。但是，给予对方价值需要满足两个条件。

(1) 给予价值需要时间。这里的"时间"是指，我们和对方见面并展开交流，对所获知的信息和观察到的信息进行整理的时间，以及整合自己能力范围内可以帮助对方的内容，进行价值输出的时间。

在一次销售沟通中，除了介绍产品的基本功能之外，我还能为对方多做一些什么，是建立在我了解对方且我愿意付出的基础上的，也是建立在对方在接纳我之后愿意展开更多细节（包含个人隐私）的基础上的。在我正好有机会呈现价值之前，需要有一个过程，而这个过程就需要一定的时间。

(2) 给予价值需要契机。这里的"契机"是指，对方需要解决的问题是否在你的能力范围内，或者对方是否愿意在对话中向你呈现自己的问题，这个问题不仅仅是对产品的需求，也可能是产品之外的需求。

现在我们知道了给予价值需要满足两个前提，那么如何在初次见面时，快速增加好感、建立信任呢？

我总结了 3 个方法，分别是：

• 初次见面时准备小礼物；

• 在对方表达观点时记笔记；

• 搜集潜在客户有价值的观点。

下面我们依次来看一下这 3 个方法。

4.9 初次见面时准备小礼物

首先明确一下，接下来所讲的内容适用的情境是：你们是第一次见面，你并不是有求于对方。因此，你可以准备一些轻量级的小礼物，作为表达心意的见面礼即可。

(1) 礼物不要太贵重。有人会想："我送一个贵重的礼物，既代表了我的实力，又能让对方高兴，这何乐而不为呢？"

不能这样做的原因有两个：第一，容易让对方产生优越感；第二，作为常规动作，长此以往会变成你的经济负担。

- **容易让对方产生优越感。**在拜访场景中，选择的礼物贵重，会让潜在客户感觉你特别重视他们，从而产生优越感，这不利于你以平等的关系展开销售。
- **容易变成个人的经济负担。**大部分从事销售工作的人在见客户时会送小礼物作为见面礼，如果礼物太过贵重，就会形成经济压力。因此，适当表示心意即可，你也可以视具体情况而定。

(2) 可以送水果作为见面礼吗？关于购买水果作为首次拜访时的见面礼，我有几点建议。

- **建议买小而精的水果。** 不要选择同品类中特别便宜的水果，因为这样会让对方感到你不够重视他或者你的经济水平有限。

一般情况下，为了方便，我们会在客户公司的附近买了水果带上去。

如果你挑了一大袋便宜的水果给对方，对方下次去水果店的时候，发现你买的是特别便宜的那一种，那么在和同品类的高品质、高价的水果对比之下，对方就会感觉你没有用心，不够重视他。水果店在他们公司附近，也许是他经常去的地方。

另外，对方也会看出你的经济水平有限（你们不是一个圈子），结果就会适得其反。

- **逢年过节除外，平日里尽量不要购买水果。** 因为在情感意义上，水果留存时间短，吃完就忘了。
- **可以是最近采购、本地没有的水果。** 比如，自己去外地出差尝到某种时令水果味道很好，就特意带回来一份，但注意水果价格尽量不要超过 200 元。有一次，我的客户去重庆游玩，看到一个果园卖的水果很好吃，就邮寄了一份回来，送给我当见面礼。在其他城市还想着你，这份心意会让你在见面的瞬间就感受到对方的热情。
- **最好是新鲜的时令水果。** 在水果店购买水果时，要打开包装箱看一下水果是否新鲜，确保质量。

小提醒：要确认水果的质量

隔着包装箱，我们并不知道水果的实际情况，所以要确认一下，避免他人收到时发现水果有质量问题。

- **可以是从自己的果园采摘的新鲜水果。** 我有一个客户在南方有自己的果园，且水果不打农药，她会在果实成熟时，直接给我邮寄刚采摘的

水果。每次收到她从远方邮寄来的水果，我都感到很开心。

(3) 节假日的礼物。 如果赶上节假日，可以送茶或时令礼盒作为礼物，比如粽子礼盒、月饼礼盒等。但是，不要忘记在卡片上手写祝福语。

(4) 选择红酒和茶作为礼物。 茶和红酒也是很多人准备见面礼时的首选。但如果你的茶或红酒没有什么特别之处，就尽量不要送，因为对方不知道价格，也容易转送给他人。

小提醒：礼物的温度

不要认为："他们送给谁是他们的选择，反正我送了就可以。"礼物是有温度的，并且是有情感记忆的，当对方自己使用的时候，就会想到你，而在送给别人之后，对方的记忆就会慢慢淡却。

---

(5) 正赶上对方在公司加夜班时的礼物。 在这种情况下，可以买热乎的食物，不要认为便宜就不好，要符合场景需求，用心是最重要的。

案例 4-8 用心带"礼物"的故事

很多年前，在我创业阶段，我和沈阳兴隆大家庭合作，他们的商场在沈阳是客流量最大的，他们策划部的负责人非常忙，经常通宵工作。有一次，我们见面的时间定在晚上9点多，于是我去的时候就在他们楼下的便利店买了多份包子和八宝粥，加热之后带上去。（一般情况下会多带几份，因为不知道办公室的具体人数。）后续我们合作举办活动的时候，他们策划部的负责人都会力争给我最好的资源和场地，帮助我的品牌做推广和引流。

案例 4-9 拥有敬业态度的故事

2014 年，沈阳举办首届太原街婚庆文化周活动，活动包括金婚仪式和百对新人婚礼，由区政府单位举办，多家媒体同步报道。我们团队为此次活动提供公益的婚礼造型和化妆。为了表示感谢，主办方送给我两个步行街的黄金展位。（两个展位在繁华市中心的步行街，又恰逢五一假期，7 天的黄金时间价值不菲。）

在活动前一天晚上，我忙完工作就去了现场，看看能帮上什么忙。当时已经晚上 10 点多了，他们工作人员还在搭展架（他们只能晚上搭展架），我看他们好像没有吃饭，又是在户外，天气比较凉，于是我就给他们每个人买了一份肯德基。

就是这个行为打动了活动负责人。因为在这么多参展商中，只有我半夜去现场帮忙搭展架，并给他们买食物。

活动方负责人（我并不认识）说："你一个女孩，大半夜的还出来帮忙，太辛苦了。"后来他们临时决定，把最好的展位给我，就是步行街最靠前的两个位置，左边紧靠着知名地产公司的展位。

由此可见，心意大于一切，有时还会让我们收到惊喜。

(6) 送自己公司上市的产品或自己售卖的新品。如果你公司的某个产品刚刚上市，或是自己所售卖的新品价格不是特别高，那么也可以作为见面礼。这里，同样有几个原则和细节需要注意。

- **价格适中且品质优良。**要送的产品一定不能过于贵重，也不能过于便宜。要突显性能或质感。

- **怎样送给对方？** "这次和您见面，我给您准备了一份小礼物，是我公司目前新上市的一款产品，您体验体验，也请帮我多多提建议。"然后简单说一下使用方法即可。

- **为什么产品明明很好，还要说"请多多提建议"？** 请对方多多提建议，这句话可以弱化送礼的感觉，减轻对方收礼的心理压力。以请对方试用、让对方作为首批用户提出使用心得的角度送礼物，更容易让人接受。

- **如果产品属性不适用于对方本人，想要送给他家人，需要注意什么？** 我们要提前确定对方是否有爱人和孩子，否则不要贸然说出送给对方爱人或孩子之类的话。

- **控制介绍产品的时间，不要像卖产品一样详细说明。** 我们要清楚，此时是送礼，不是销售。如果不控制时间，而是详细地讲述产品的好处和使用方法等内容，就会让对方感到不适，好像收了你一个大礼一样。要记住，所送的礼物不一定是潜在客户真正所需的，这仅仅是一个建立信任的媒介而已。

- **不要说"别忘了帮我多做推荐"。** 不要客户刚刚接过你的礼物，你就和他说："等你用好了，别忘了帮我多做推荐。"这句话看似很大方，但会暗示客户是你的"小白鼠"或你的销售人员，无意中给对方下了"任务"，这样的语言会抵消送礼的价值。

4.10　在对方表达观点时记笔记

随身携带工作笔记，在拜访交流时，记录潜在客户传递的重要信息，这会有两个好处：

- 有助于建立信任。这会让对方认为自己讲的话有价值，你非常重视；
- 可以得到更多信息。这会让对方愿意和你讲述更多观点和信息。对方传递的信息越多，你从更多视角了解对方的机会就越大。

笔记内容分为以下 4 类：

- 记录潜在客户的背景信息；
- 记录潜在客户的潜在需求；
- 记录潜在客户认同或有异议的部分；
- 记录潜在客户有价值的观点。

1. 记录潜在客户的背景信息

通常情况下，人们询问客户的背景信息，只是作为寒暄，并不会在纸上记录下来。只有在认为此客户是准客户时，才会记录他的信息。

不过，我们要把这一条作为常规动作，不管对方是不是你的准客户，在你和他交流的时候，记录他描述的个人背景信息，将有助于你在接下来的交谈中找到话题的侧重点。

问题：我想记录，但我担心对方觉得我小题大做，我该怎么办呢？
解答：这和我们的专业态度有关。

第一步，在你和客户见面时，在桌子上摆出你的笔记本、平板电脑和你公司的相关资料、工牌等。

> **小提醒：不要用笔记本电脑记录**
>
> 不要用笔记本电脑来记录，因为隔着屏幕，不利于你们面对面交流，对方不知道你记下了什么，会感到不适。注意，这是销售场景，不是开会。可以使用平板电脑的原因是，App 软件有手写功能，而且平板电脑平铺在桌面上，可以和手写本起到一样的作用，会让客户清楚你记录的内容和你的工作态度。

这样一来，当客户见到你时，首先就会感受到你的专业性，这种良好的最初印象会有助于建立信任。

2. 记录潜在客户的潜在需求

第二步，你可以这样说："××总，您请说，我记录一下您的需求以及对我们的产品和服务的要求。"在客户表达时，打开手写本，客户一边说，你一边记录他的一些观点。（不用每句话都记下来，记重点即可。）

> **小提醒：关于文中的"需求"的意思**
>
> "您的需求"代表客户的潜在需求，无论客户是否找你购买，这种潜在需求都存在。"对我们的产品和服务的要求"是一种**信心指示**，即提前告知客户，我能达到你的要求。这会让客户主动说出自己对产品和服务的预期，对你接下来的沟通和产品展示是一种有利条件。

3. 记录潜在客户认同或有异议的部分

记录这部分信息会不会让你觉得很难？要怎么收集这部分信息呢？我们来看一看。

在你们交谈时，客户会对自己曾经使用过的某些产品做出评价，评价分为两种：正向评价和负向评价。

这时，一旦评价是负向的，即使不是自己的品牌，很多人往往也会很着急地说："我们的产品可不是那样的……"然后展开对自己的产品"不是那样"的证明，从品牌、产品性能和客户反馈等各个方面进行验证。

但是，无论你怎样证明，都会导致一种对立的局面。在这种局面下，就算产品品质高是客观事实，而且你说了很多，产品听起来好极了，绝对不像客户之前使用的产品那样，客户的体验也是不爽的，因为你否定了客户的看法和评价。

当他人能够坦诚地和我们说出负向评价时，这其实隐藏着一种未被满足的潜在需求。 因此，当和潜在客户交流时，如果对方对使用过的某个同类产品或你所从事的行业有负向评价，不用急着辩驳或担心自己没有机会。

你可以做好记录，等客户都说完了以后，按照你记录的重点，整理出潜在客户的需求，给出能够满足对方预期的方案和你自身的价值。

如果对方说出的是正向评价，那么你就可以继续问对方："××总，感谢您对这个行业的认可，请问，您对我们还有没有其他要求？"

不要害怕客户提要求。

销售人员往往最担心客户讲价导致利润低等。但实际上，在这种情境下，只要沟通中你的表现和表达足够专业，就算客户要优惠，也不会提出让你难以承受的要求。

为什么呢？

因为当你处处以客户满意为第一位时，你的专业性、核心竞争力就会自然显现，对方关注的就不再仅仅是价格本身，而是价值最大化。你的客群质量越高，这点对你越适用！

4. 记录潜在客户有价值的观点

你在和潜在客户交流时，自然不会只围绕着产品说话。当对方传递出他的价值观、态度、建议等时，你可以记录对方说的话。然后，在这次见面即将结束时，你可以利用自己做的笔记，向对方反馈你的收获。

【示范】

第一句话："××总，今天和您见面非常愉快，我会按照您的要求，××天内给您出一套方案。"

小提醒：记录的意义

按照记录的内容给对方回馈，这代表着你的工作效率，也为第二次约客户做好了铺垫。

【示范】

第二句话："今天和您的交流，让我学到了很多。您说的 ×× 这几点，非常适用于我现在面临的情况，对我价值非常大。感谢您！"（×× 处的内容可以分条列出。）

把你记下来的观点结合自己的理解表达出来，如果记不住，照着笔记念出来也可以。把对方的原话复述出来，会有不错的效果，因为重复他人有价值的语言，是一种认同和尊重，可以让你们的关系更近。

通过以上这部分内容，我们就可以了解，即时反馈收获会让别人更加信任你，让你们的交谈更愉快。

从建立关系的长期价值上看，即使一些客观因素导致潜在客户暂时没有购买你的产品，你的表现也会让他对你形成认知，在他日后有需求时，这会提供一个值得信赖的"购买通道"。

建立可信赖的关系，这是最难能可贵的。

后 记

感谢你的阅读，在本书的最后，有我对你的嘱咐和期望。

我们知道，销售拓客存在难度。

拓客对于每一位想要提升收入、想要找到更多客户的销售人员来说，都至关重要。尤其是在今天的市场环境下，客户面临的选择更多，谁更专业、谁更容易让他们信任、谁更能满足其需求、谁更能够主动链接，谁获得的机会就更多。

任何事情都存在方法，拓客也不例外。

但是，任何事情都不存在捷径。只有深入研究、潜下心去做，并不断实践和复盘，找到真正的方法和规律，获得成功的机会才会增加。

在本书中，我利用场景化的讲解方式，为你一一解锁了拓客难点。你想要增加不同类型的客群时所需要注意的，以及必须掌握的重点都在书内。你可以把这本书当成你做市场开发的一个"工具箱"，无论你从事销售工作多少年，只要你真正想要学习销售拓客的规律及具体办法，你就可以在这个"工具箱"里找到你要开发的市场的钥匙。

话虽如此，但你需要注意的是，在学习这本拓客手记时，**你需要认真去读。**

这是指在你阅读的时候，不要只挑自己感兴趣的部分去读，也不要跳过某个看似简单的步骤，要尽可能地仔细读一遍。接下来再根据自己目前所面临的销售拓客的局面，选择相应的内容重点去读，并加以实践和复盘。

　　这样做的好处是，避免你无意中重复大量销售人员容易出现的"失误"，这会提高你邀约和拜访的成功率，带给你被客户信任、重视、尊重的良好感受，也会为你即将迎来的产品展示环节打下更好的基础，争取到更多的时间。

　　在销售中，**你与客户的第一次见面，是你最应该注意自身表现的时间。**

　　一旦第一次见面时你没有获得客户的信任，或者没有留下良好的第一印象，那么你接下来的邀约成功率和转化率都会大大降低，你得到客户重视的机会也会非常少。

　　我们要避免这样的损失。这就是我叮嘱你要认真去读的原因所在。

　　本书中所选择的案例、介绍的情境、描述的细节以及所搭建的话术框架，都可以作为你在过去、现在、将来开发市场时的拓客行为的一面镜子。对照这面镜子，学会复盘，预见结果，及时修正不当的拓客行为。

　　同时，在使用书中的"话术框架"时，希望你认真看一下案例中的销售情境。这是因为，我们需要考虑到每种情境下的人物身份、性格、时间和场地等，在专业、认真这种大前提不变的情况下，根据情境的不同，"因人而异"地进行拓客，确保社交灵活性。在学习的时候，请你不断地尝试实践，重视客户的反馈及自身的反馈。

　　这样，客户就会为你而来。

　　本书是我为你写的关于销售拓客的内容，相信你在阅读后，会意犹未尽。

　　后续你还将看到我为你写的销售系列图书，涉及建立信任、了解客户需求、提升专业能力、产品展示、报价、成交、个人价值提升和客户关系经营等。

　　希望我们保持联络，也欢迎你把销售问题发到我的邮箱595500888@qq.com。也许在下一本书里，你就会看到答案。

　　在销售这条路上，我会给予你真诚的陪伴！期待我们下本书再见。

邦尼

2022 年 2 月 8 日

致　谢

在本书的成书过程中，我得到了家人、朋友的帮助与支持。特别是我的妈妈冯子芸，她一直鼓舞我、相信我，给了我强大的精神力量。

感谢我的弟弟孙晴伟，是他建议我写一本拓客方面的图书。在我写书的过程中，他始终对我投以积极的关注。

感谢人民邮电出版社的出版人王振杰（白羽），在我心里，他就像麦克斯威尔·珀金斯一样，是一位卓越的编辑，他具有非常独到、极其敏锐的判断力，是一位十分敬业的出版人。在我写书期间，他不但事无巨细地帮助我确定目录、策划结构、选取内容等，还给我很多鼓励。本书能够顺利上市，离不开他的支持。

感谢我的人生挚友Jocelyn李秋菊，她是一位工作能力十分出色、有很强的责任感和担当的人，她性格积极勇敢，是女生中的先锋人物。我们常常在工作中彼此激励，她给我非常多的鼓励和肯定。

感谢我的好朋友邸镜伊，她是一位非常热爱生活、形象得体的人，她犹如微风一样和煦、温暖，给我很多力量。

在此，我向他们表示衷心的感谢。

目 录

CONTENTS

CONTENTS

第一部分

客户渠道开发
能量值储备

>

盘点"我"的故事及事件

盘点自己曾在人际关系里做过的事情、得到的反馈，一来会让你建立自信，二来会让你通过复盘，提升个人能力。盘点问题如下，你可以根据问题，做好相应的记录。

(1) 我在人际关系里，做过的哪些事情是富有主动性且以他人为第一位的？

_____

_____

_____

(2) 我在人际关系里，曾经做过哪些温暖人心的事情？

_____

_____

_____

(3) 我在人际关系里，做过哪些力所能及的小事？

_____

_____

_____

_____

_____

(4) 我在人际关系里，能够提供哪些价值？

_____

_____

_____

_____

_____

第二部分

根据收入目标
制订行动计划

>

根据你的收入目标倒推需要完成多少业绩、完成多少次客户拜访，从而为增加渠道制订具体的行动计划。

如何计算时间？ 用销售业绩指标除以平均客单价，你就可以得出需要销售的客单总量，根据当前的客户转化率，你就可以得出需要联系的潜在客户总数，然后乘以发掘一位潜在客户所需的时间，从而得出你所需要的时间总量，然后就可以据此在你的工作中制订行动计划，做出细致的年度、季度、月度的时间安排。

小提醒： 假设你的客单价是 2 万元，而你计划今年完成 400 万元的业绩，那你就知道自己需要在 12 个月内完成 200 个订单，才能完成计划。如果你知道自己每 3 个潜在客户可以转化出 1 个订单，那你就需要联系 200×3 个潜在客户来完成自己的销售指标。现在你可以计算一下，利用现有或者可能的开发客户的渠道或者活动去产生 600 个客户需要多长时间，再细化到每个月，比如每月拜访 50 个客户，平均每天拜访不到 3 个客户，以此来实施行动计划。

(1) 我的年度销售业绩指标是多少？

_____

_____

_____

(2) 我的客单价是多少?

_____

_____

_____

(3) 我的平均客户转化率及销售周期是多少?

_____

_____

_____

(4) 我需要完成多少次客户拜访,才能实现业绩目标?

_____

_____

_____

(5) 我每个月需要开发及拜访的客户数量是多少?

_____

_____

_____

(6) 我每天需要拜访的客户数量是多少?

_____

_____

_____

(7) 我和客户面谈需要的时间是多少?

_____

_____

(8) 我在路上需要的时间是多少?

_____

_____

第三部分

拜访目标
客群管理

>

一、建立首要开发的陌生市场客群清单

谁是你的首要目标客群？把你当天最好的精力、能量、状态都优先投入在最值得拜访及建立关系的客群上。如果按照时间来定，也可以在初期全部拜访高价值客群，当你做出成绩后，原有的市场人脉就会因你的出色而直接来找你。

我首要拜访的潜在目标客群是？

_____

_____

_____

_____

_____

_____

二、建立客群拜访时间的优先级清单

假设你一天拜访 3 位客户，首先要把高价值的潜在客户放在主要拜访时间，把相对低价值的潜在客户放在次要拜访时间。

按照这个原则去安排，这时，你就无须再让他人在你最初从事销售工作时，提供对你的支持，或者长时间说服他们购买。

把以下问题清晰化。

(1) 我一天中最优先拜访的客户是谁？

_____

_____

_____

(2) 我一天中排在第二位、第三位拜访的客户是谁？

_____

_____

第四部分

正视销售
时间管理

清晰计划自己的销售时间

销售时间是指拜访客户或与客户进行直接有效交流的时间。

什么是正视销售时间管理? 这是指聚焦你每日有效的工作时间,将自己接下来的销售拜访计划量化的过程。你能够完成多少业绩与你的销售时间管理相关。你要在每日的行动计划中安排寻找客户、增加人脉的时间,并做好相应的记录。

(1) 我每天有多少时间花在销售工作上?

_____

_____

_____

(2) 这一天如果没有去拜访客户,我在做什么?

_____

_____

_____

第五部分

复盘当日的销售及拜访工作

每日做销售复盘

将销售复盘日常化，会让你有所进步。销售复盘是指，基于自己的销售结果，客观地面对真实的自己，站在高处俯视在现实情境中自己的整体表现。它可以提高转化率、客单价、复购率，增加转介绍，让你获取每天都有所进步的能力，同时可以减轻你被拒绝后的焦虑感，让你正确地行动，让你下一次的拜访及销售更加顺利，获得成功。

销售复盘发生在每一天的销售结束之后。真正地去思考销售中的真实场景、你平时有哪些不自知的行为习惯，将有可能影响成交结果的内容记录下来。

一个人梳理的时候很容易面对自己的优势和不足，梳理的过程是意识不断觉醒的过程。要记住，在销售中，事事皆关键。

你可以按照以下内容进行日常拜访工作的梳理。

✓ 拜访目标

(1) 我今天有没有完成拜访及销售目标？

_____

_____

(2) 如果我今天没有完成，我是否做好了接下来的拜访计划？

✓ **建立信任**

(1) 我的专业程度是否能够让人信任？为什么？

---

(2) 我今天的表现是否让客户信任？

---

(3) 我今天的外在形象是否得体？

_____

_____

(4) 我是否有自信？我在看潜在客户的时候，目光是坚定的还是躲闪的？

_____

_____

_____

(5) 我与客户沟通的氛围如何？我的笑容是否自然？

_____

_____

(6) 我在礼节上做得如何？

_____

_____

_____

✓ 销售展示

(1) 我是否有注重倾听？

_____

_____

_____

(2) 我是否关注到客户的真实需求？

_____

_____

_____

(3) 我在展示产品时的销售节奏如何？

_____

_____

_____

(4) 我是否充分表达了必要的观点，并获得了客户认可？

_____

_____

_____

_____

(5) 我是否能够解决客户担心的问题？

_____

_____

_____

_____

(6) 我讲解是否清晰并化解客户心中的疑虑？

_____

_____

_____

(7) 我的产品是否能够匹配、满足客户真正的需求？

_____

_____

_____

_____

(8) 我是否能够给客户带来解决产品之外问题的额外价值？

_____

_____

_____

(9) 在介绍时，我是否留意到客户的反馈信息？

_____

_____

_____

_____

(10) 我是否能够根据客户画像的不同来调整我的话题、产品展示方向和产品反馈等?

_____

_____

_____

✓ **销售成交**

(1) 我是否明确我的客户因何购买?

_____

_____

_____

(2) 客户是看上了什么益处而购买我的产品或服务的?

_____

_____

_____

(3) 我今天做了什么促成客户立即购买？

_____

_____

_____

_____

(4) 我今天提供的哪个部分服务让客户最欣赏和赞扬？

_____

_____

_____

(5) 如果今天成交了，我今天的销售水平是我持续保持的水平吗？还是今天的成交存在偶然性？

_____

_____

_____

_____

(6) 如果今天没有成交，客户不认同或拒绝我的真正原因是什么?

_____

_____

_____

(7) 假设客户说"没有需求""没有钱"，这是他拒绝我的真实原因吗？我该做出哪些调整?

_____

_____

_____

(8) 我是否重视服务体验?

_____

_____

_____

第六部分

日常行为表达

平日表现

你平日里的表现也会在无意中影响潜在客户对你的印象。请通过回答以下问题进行自检。

(1) 我在日常谈话中表达的故事、信息是悲伤且沉重的吗?

_____

_____

_____

_____

(2) 我在日常谈话中有夸大事实、吹嘘的行为吗?

_____

_____

_____

_____

(3) 我在日常社交关系中，是否有经常麻烦别人的行为？

_____

_____

_____

_____

_____

(4) 我是否经常在看到好的生意时忍不住想要挣差价？

_____

_____

_____

_____

_____

第七部分

重视微信朋友圈
展现内容

微信朋友圈呈现自检

是否可以邀约成功，一部分原因在于你的对外展示让他人产生的认知如何。除了与客户线下接触之外，在微信朋友圈有意识地塑造个人影响力，重视其中的关键要素，将会为你带来更多机会。

(1) 我的微信朋友圈封面是否清晰地展示了我的个人品牌或我的态度？

_____

_____

_____

(2) 我的微信头像是否职业化？

_____

_____

_____

(3) 我的微信名字是否是平日里的职业称呼?

_____

_____

_____

(4) 我的微信朋友圈个性签名是否清晰地阐述了自己的
职业或风格?

_____

_____

_____

(5) 我在微信朋友圈发布的信息中,个人生活与专业形
象展示的平衡度如何?

_____

_____

_____

(6) 我将朋友圈设置为"三天可见"了吗？为什么不要这样设置？

_____

_____

_____

(7) 我在朋友圈发布的内容是正向的居多，还是负向的居多？

_____

_____

_____

(8) 我在微信群里的发言是正向内容居多，还是负向内容居多？

_____

_____

_____

第八部分

平日做好
微信备忘

>

一、给认识的好友添加标签

微信个人名片里有"设置备注和标签"功能，使用该功能，给在相同平台认识的人添加相同的标签类型。日后在发朋友圈时可以更有针对性。

我今天在添加完客户微信后，是否直接设置好了标签?

_____

_____

_____

_____

二、在"描述"栏中添加备忘内容

在你的手机上，找到备忘录，把对方的名片信息和你文字描述的场景信息放在一页备忘录上，截图保存。之后把截图添加到微信"设置备注和标签"功能里的"描述"栏中，这会非常方便你之后调取信息。

(1) 今天潜在客户在微信上和我说话，我是否记得我们
　　是通过什么途径认识的？

_____

_____

_____

(2) 我是否能够通过简要的备忘内容，直接提取结识时
　　的关键信息？

_____

_____

_____

(3) 我是否为今天结识的潜在客户及准客户做好了微信
　　备忘？

_____

_____

_____

第九部分

做有助于建立
信任的自我介绍

>

做好自我介绍

在做自我介绍时，可以根据自己的风格设定 3 个标签，然后分别写出几句话来诠释各个标签，或者列一些自己过去达成的优秀数据。你可以根据自己的特点、爱好和职业等，整理出 3 个自己想讲的标签，讲述 3 个小故事。根据场景和情境的不同，分别按所需时间提前做好相应的准备。

标签制作方法如下。

从我个人的学习经历来说，可以一年读书千余本，所以"一年读书千余本"这句话就可以作为一个标签；

从我个人的创业经历来说，创业 6 年后跨界转型做销售咨询，所以"跨界转型创业者"也是一个标签；

从我个人的兴趣爱好来说，我的一项爱好是研究餐桌布置，所以可以设定一个"美学餐桌布置"之类的标签。

准备得越充分，你在做自我介绍时，就越能够吸引他人的注意力，对后续建立关系的作用就会越大。

(1) 能够突显我专业能力的事情有哪些？可以提炼出的一句话标签是什么？

_____

_____

(2) 能够代表我工作态度或精神的事情有哪些？可以提炼出的一句话标签是什么？

_____

_____

_____

(3) 能够代表我的兴趣、爱好，以及与所接触之人快速建立共识的内容是什么？可以提炼出的一句话标签是什么？

_____

_____

_____

(4) 把以上 3 个标签连成一个故事，作为与他人初见时交谈的内容。那么，我的故事是什么？

_____

_____

_____

(5) 我是否可以在不同场景中，分别用3分钟、5分钟、8分钟来生动且清晰地讲解我的故事？

_____

_____

(6) 能够让我在3分钟内做好自我介绍的内容剧本是什么？

_____

_____

(7) 能够让我在5分钟内做好自我介绍的内容剧本是什么？

_____

_____

(8) 能够让我在8分钟内做好自我介绍的内容剧本是什么？

_____

_____

第十部分

明确专业
价值意识

>

专业价值意识

什么是专业价值意识？这里的专业价值不是单指你所售卖的产品的价值，而是**你所售卖的产品和你的专业能力两方面的共同价值。专业价值意识就是提取专业价值来为他人赋能的意识。**

例如，我的"产品"是销售咨询培训，此处的业务本身仅仅是专业能力，而专业价值的提取，是指在我和他人链接时，除业务本身之外，我还能为对方做什么。

那么，此时的专业价值就是你额外帮助他人解决问题的一种能力，这是做拓客链接的关键所在。

我的专业价值是什么？

小提醒：要根据你所拜访的不同客群对自己的专业价值进行不同的设定。这意味着，你要加强自身能力，并多加练习，在你的社交关系里，在与潜在客户及客户交谈时，要具备灵活性和"唯一"性，这会让你备受尊重并获得更多机会。

第十一部分

与客户建立关系时的增值心态

拜访客户时建立关系的增值心态（一）

在拜访中，优先思考"我能帮助对方做点什么"，以此为出发点。当你拥有这个心态和立场的时候，你就会轻松自在许多，仅仅做些力所能及的事情，以利他之心考虑问题，他人就会自然而然地接收到你的善意，与你的关系更近。

不要先想着"我要卖给他什么""我该怎么卖给他""他能不能给我最大利益"等。

如果你在见到客户时满脑子想的都是"我要如何向他销售产品""我要如何挖他的痛点"，那么在这种能量的带动下，在你开发陌生市场时，个人的紧张感、胆怯和急于求成的表现，会让你与他人建立关系的难度变得非常大。

你能够为他人创造多少价值，决定了你们之间关系的深度。

(1) 我今天拜访的这位客户，我在和他交谈的时候，是否先想到了"我能帮助对方做点什么"？

_____

_____

_____

(2) 我今天拜访的这位客户，如果我能帮助他做点什么，那么具体是指什么事情呢？

_____

_____

_____

拜访客户时建立关系的增值心态（二）

如果对方是商家或组织等，你就可以对"我的价值点有哪些？"进行思考和总结，匹配商家需求或者为商家赋能，这是共创价值和实现共赢的根基。

来思考以下问题。

(1) 对于今天拜访的客户，我的价值点有哪些？

_____

_____

_____

(2) 在今天的拜访中，我与潜在客户合作的基础条件是
    什么？

_____

_____

_____

(3) 我今天要拜访的客户，他与我见面最直接、主要的
    诉求是什么？

_____

_____

_____

(4) 对于今天和我见面、交谈的客户，我额外还能给出
    什么超出他预期的价值？

_____

_____

_____

第十二部分

专业价值联想

进行专业价值上的联想

什么是进行专业价值上的联想？你在日常生活和工作中，会不断看到各种媒体广告，不断接触各类人群。

如果在任意场景、情境下，在各种媒体广告触达你视觉的第一时间，你都能够迅速进行相关专业价值上的联想，那么这就可以减轻你的拜访压力。因为专业价值是随着你的经验积累和不断努力而逐渐获得的。机遇是在某个特定时刻产生的，如果行动有所延迟，机遇也许同样存在，但可能就不是由你来实现价值，那么你就会不断错过机遇。

通过这个部分的练习，在你拜访客户时，你就能够在头脑中迅速勾勒出一套针对当下拜访的客户的合作思路，而不会停止行动，或者有任何迟疑。

(1) 对于今天拜访的客户，我在与他交谈和接触时，是否想到了我的专业价值可以为他解决什么具体问题？

_____

_____

_____

_____

(2) 对于今天拜访的客户，我是否想到了我的专业价值可以让他在什么样的具体情境下使用？

_____

_____

小提醒： 我的专业价值可以让他人在什么样的具体情境下使用？

这是指你在当下所接触的人，他们在某个情境下存在即时需求和长期需求。具体情境下的即时需求，是可以让你在较短时间内建立信任和关系的重要部分。长期需求是一段关系中你可以持续帮助对方达成某种结果的部分。你可以在笔记本上分别写出自己具备的能力，以适应不同人群的情境需求。

(3) 我的专业价值可以为他人创造什么价值？

_____

_____

(4) 我要怎样利用专业价值与对方建立合作关系？

_____

_____

第十三部分

重视拜访中的专业表达能力

重视拜访中的专业表达能力

(1) 我今天与客户见面时，是否清晰地说明了来意？

_____

_____

(2) 我今天与客户见面时，我的表达是否凸显了我的专业性？

_____

_____

(3) 我今天与客户见面时，我是否站在了他人的立场来考虑问题，重视利他价值观？

_____

_____

第十四部分

与客户见面时的
交流信息识别

>

识别交流信息

在与客户见面时，做好交流信息的识别，能够帮助你找到接下来的对话方向。

(1) 我今天和客户交流时，是否了解到对方真正关心的问题？

_____

_____

(2) 我该怎样做才能真正了解？

_____

_____

(3) 我在了解之后，要如何区分对方表达的信息是赞美还是需求？

_____

_____

第十五部分

电话邀约

电话邀约

在你开始思考现实中存在的邀约和拜访问题后，相信你就可以对照自己的行为，找到"失败"的线索，并做出改变，以避免重蹈覆辙。

(1) 我在什么情况下，会使用电话沟通销售合作的事情？

_____

_____

(2) 我在想要和潜在客户建立销售合作的时候，通常会做哪些基础准备？

_____

_____

(3) 我和潜在客户沟通的内容，有没有提前进行具体的演练？

_____

_____

(4) 在首次电话沟通中，我认为会影响结果的语言和行
为有哪些？

_____

_____

_____

_____

(5) 我在电话里表达的内容有没有限制？比如，哪些是
可以在电话里说的？哪些是见面才可以说的？

_____

_____

_____

_____

第十六部分

微信邀约礼仪

>

一、发微信时的礼仪

对于不熟悉的人，首次邀约不要使用语音留言，使用文字会更加直观。
另外，要注意检查自己与潜在客户交流时的信息。

(1) 我今天在微信上约潜在客户时，使用的是文字信息吗？

_____

_____

(2) 我的语言表达中是否带敬语？

_____

_____

(3) 检查一下自己与要约的潜在客户的微信聊天框，是否除了自己发的广告、祝福之外没有任何对话内容？

_____

_____

_____

二、分条发邀约信息

分条发邀约信息会更清晰、直观，让对方能看出你做事很有条理，有边界感。

我今天给客户发的文字邀约信息，表达是否清晰？

_____

_____

_____

_____

_____

_____

_____

_____

第十七部分

微信邀约
语言框架

>

重视邀约语言框架

先把基础的语言框架搭好，再根据你所拜访的客户类型，灵活地进行拆解使用。（不要所有人都使用同一个模板。）

第一条文字信息：告知自己的身份及意向。

此处使用书中的案例为你示范如何发邀约信息。

"你好，D女士，我是李××，一个喜欢瑜伽的女孩，也是一个300平方米瑜伽馆的负责人。"（告知自己的名字、爱好和职业。）

"我一直关注你的朋友圈，至今已经有8年时间了（表明认识的时间），但是从来没有和你说过话，是因为怕打扰到你（解释原因）。"

"我在朋友圈看到你的工作动态和你事业的不断发展，很受鼓舞（强调）。你是我特别想成为的人，我想和你成为生活中的好朋友。"（说明邀约的动机。）

我今天约客户时的邀约信息是怎样写的？

_____

_____

第二条文字信息：提出见面诉求。

"我是否可以去见见你，我们深度认识一下。我还想和你聊聊经营方面的话题，我在经营瑜伽馆，我也想像你一样发展得非常好。不知你什么时候有时间，我想请你喝个下午茶。"

我今天向客户提出的见面诉求具体是什么？

_____

_____

_____

_____

_____

_____

_____

第十八部分

微信定向邀请
重要的人

>

定向邀请

什么是定向邀请?

在你的某些重要时刻,需要特意邀请比较重要的人来参加。

定向邀请就是指,邀请信息中带上对方的称呼,并加入邀请对方的原因,以及对你与对方建立"情感"的情境的具体描述。

小提醒 1:发信息时的注意事项

不要让对方觉得很突兀或有压力,一旦对方认为你是有求于他,或者这件事和他无关、让他不感兴趣,对方就会不愿意参与,所以把握好分寸非常重要。

我今天在给特定的人发邀请信息时,是否把握了分寸?

_____

_____

_____

_____

小提醒 2：不要群发

在发邀请信息时，要做好定向邀请，不要群发。

我在邀请特定的人时,是否因人而异地编辑了邀请信息？

_____

_____

第一条信息框架：亲切问候 + 描述关系 + 与对方认识的情境和具体收获。

此处使用书中的案例为你示范如何发邀约信息。

"邦尼老师您好，我是您的粉丝，我通过您的训练营学到了非常多的内容，让我不仅提升了业绩，就连和我家人的关系都改善了。非常感谢您一直以来的输出，解决了我销售和个人成长方面的很多困惑。"

(1) 我在定向邀请客户时，问候信息是怎样编辑的？

_____

_____

第二条信息框架：简要的自我介绍＋活动主题介绍＋精准人数＋参与人群。

"我的名字是××，您可以称呼我××（相对亲切一点的称呼，不要只留一个非常正式的名字），我所从事的领域和行业是××（让对方放心）。"

"我最近和朋友做了一个××主题的活动（说明主题），参加者一共有30位（精准人数）。我身边的很多朋友是××领域、××圈子的人（让对方感知到价值），我想做一个高质量的××见面会（说明意义，消除对方的防备心理），我希望引荐您和他们认识（含蓄表达帮助对方拓圈的隐性信息）。"

"我也想通过这个活动见到您并当面和您学习（表达对对方的尊重）。"

(2) 我在定向邀请客户时，"自我介绍＋活动主题介绍"的信息是怎样编辑的？

_____

_____

_____

_____

第三条信息框架：活动日期 + 具体时间。

"活动会在下个月的 15 号举办。"（提前 20 天左右通知，以让对方提前留出时间，避免由于时间太紧张而无法参与，同时也可以传递出活动准备之充分，让对方感受到活动的价值。）

"我们的活动安排在 18：00—21：00，具体环节为……"（告知对方细节，避免对方对某个环节的设计不够明确或感到不适应，从而极大程度地降低你被拒绝的风险。）

(3) 我在定向邀请客户参与活动时，活动的时间信息是怎样编辑的？

_____

_____

_____

_____

_____

第四条信息框架：为他人考虑＋派车接送＋提前确定位置。

"如果到时候您有事需要提前回去，我将派车送您回家，不影响您休息。"（减少对方的顾虑，如果不喜欢活动形式或参与活动的人，可以提前离开。送对方回家，显示了你对对方的尊重。）

"请您告诉我您的位置，我会亲自去接您。"（再次强调对对方的重视，会让对方愿意接受邀请。）

(4) 我在邀约时，"接送对方"的信息是怎样编辑的？

_____

_____

_____

_____

_____

_____

第 5 条信息框架：尊称＋感谢＋提出单独见面的邀请。

在对方接受参加活动的邀请后，不要忘记在活动结束之后，向对方表示感谢。

"邦尼老师，感谢您今天抽出时间参与我们的活动，和您见面之后，我更感受到了您的学识和魅力。认识您非常高兴，我的朋友们也很开心能够认识您。希望下次有机会可以单独请教您，与您交流让我获益匪浅，很期待和您的下次见面。"

一次良好的体验，让对方感知到你值得成为朋友，会为你赢得下一次见面的机会。

(5) 我在邀约时，"感谢＋提出单独见面的邀请"的信息是怎样编辑的？

_____

_____

_____

_____

_____

第十九部分

拜访前的准备

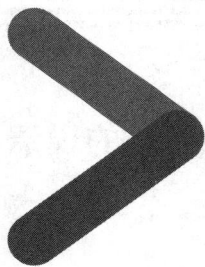

>

拜访准备

你在即将与客户见面时，如果能够充分地准备并注意细节，那么见面时你被信任的机会就会越大。

1. 见面时精神状态要饱满

✓ 能量饱满

当你工作太疲劳或者情绪低落、心情不好的时候，不要去见客户。

有可能你会担心错失见面机会，但是糟糕的状态和低能量会让客户联想到你的工作和生活节奏不佳，或者担心你精力过于分散而不能更好地交付产品或服务。在自己状态好、能量高的时候，整体表现会更好。

(1) 我今天拜访客户之前的状态如何？

_____

_____

_____

_____

2. 注意个人形象上的细节

✓ 包里准备好小镜子

在与潜在客户见面前，可以通过小镜子确认一下自己的形象状态。最好不用手机照，因为手机自带美颜功能，面部脱妆的细节问题有可能会看不到。

(2) 我今天在拜访客户之前，包里是否有小镜子？我是否确认了面部形象？

✓ 重视补妆

如果有黑眼圈，出发前可以敷面膜、化妆，通过遮瑕来修饰。

(3) 我今天在拜访客户之前，是否注意了面部底妆的细节？

✓ **重视头发的干净**

头发要洗干净，发型要符合自身的形象定位。

(4) 我今天在拜访客户之前，头发是否干净？发型是否合适？

_____

_____

_____

✓ **指甲要干净**

不要残留未卸干净的美甲片或留太长的指甲。

(5) 我今天在拜访客户之前，指甲是否干净整洁？

_____

_____

_____

✓ **衣服不要有任何污渍、异味**

临近与客户见面时，不要去吃火锅、烤肉等，这种餐厅环境会让你的衣服带上异味。

(6) 我今天在拜访客户之前，衣服是否有污渍或异味？

_____

_____

_____

✓ **衣服要整洁、熨烫过**

有的衣服虽然是新的，但是袖口、领口、口袋或扣眼等边缘容易出现小线头，穿之前要留意，提前将线头剪掉。

(7) 我今天在拜访客户之前，是否检查了衣服上的小线头？衣服是否整洁？

_____

_____

✓ **鞋跟和边缘要干净**

注意细节，高跟鞋的鞋跟歪了或边缘脏了，这些都需要及时处理。

(8) 我今天在拜访客户之前，鞋跟和鞋的边缘是否干净？

_____

_____

_____

✓ **不要用过浓的香氛**

过浓的香氛会引起他人的不适感，在见客户时，要酌量使用。

(9) 我今天在拜访客户之前，如果使用了香氛，香氛的味道是否清淡？

_____

_____

_____

✓ **注意车的整洁**

如果开车，要确保车身干净、内饰整洁。

(10) 今天在拜访客户之前，我的车是否整洁、干净？

_____

_____

_____

_____

第二十部分

展示资料的准备

✓ **电子展示资料**

电子资料需要提前准备好，确保可以在第一时间找到。

有的人计算机桌面混乱，花好长时间才能找到需要的文件，这会让客户在第一时间感知到他们做事缺乏秩序，从而在专业性上减分。

(1) 我今天在拜访客户之前，是否提前准备好了相关的电子展示资料，以便在给客户做展示时使用？

_____

_____

_____

✓ **纸质展示资料**

不能当着客户的面，一边说"我给你看看我们公司的介绍"，一边翻包找资料，结果找来找去没找到，然后一边挠头，一边不好意思地说："哎呀，出门着急忘带了。"

(2) 我今天在拜访客户之前，是否提前准备好了相关的纸质展示资料，以便在给客户做展示时使用？

_____

_____

_____

> ✓ **电子设备满电**
>
> 不要当着客户的面说电脑没电了，问对方哪里可以充电，甚至忘带充电线，问对方有没有……这种不严谨的做事态度会影响客户对你的信任和转化率。

(3) 我今天在拜访客户之前，笔记本电脑等电子产品的电源是否是满电状态？

_____

_____

_____

✓ **手写本**

注意手写本要字迹清晰、整洁，风格不要过于卡通或老气。

(4) 我今天在拜访客户之前，是否注意了所使用的手写本的款式是否职业化？

_____

_____

_____

✓ **笔**

确保写字的笔有墨水，最好使用品质好一点的写字笔。

(5) 我今天在拜访客户之前，是否注意了所使用的笔有没有墨水？

_____

_____

第二十一部分

拜访时准时到与提前到的做法

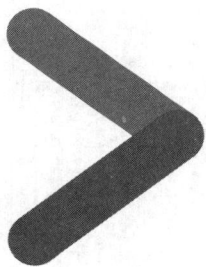

>

拜访时间

现实中存在许多因素，会导致我们比约定时间提前到或迟到。

✓ 提前查好到见面地点所需的时间，不要迟到

1. 在见面前一天的晚上查看第二天即将拜访的地点，导航上的时间也许不够准确。

这取决于你看导航的时间是否和第二天出发的时间相同。（如果在半夜的时候看，由于路上车少，所以到达目的地需要的时间会比白天少许多。）

2. 停车位也许紧张。

3. 拜访地点也许比想象中难找。

比如对方公司在某办公楼里，此区域有多座办公楼，从停车位置到对方公司的实际位置走路需要一段时间。

4. 拜访地点需要刷卡乘电梯或派人来接。

在第一次去对方公司拜访时，无法确定对方公司所在的办公楼是否需要刷卡乘电梯，或者需要派人到一楼来接。如果我们的拜访时间正好赶上上下班、午休等高峰期，那么等人下楼来接和等电梯的时间通常会超过10分钟。

5. 提前看第二天的天气。

如果没有看天气预报，第二天出门时赶上雨雪天气，那么按原定的时间出发就可能会迟到。虽然天气问题导致迟到情有可原，但是依然会显得你不够专业。

6. 确定出发时间是否是早晚高峰。

如果出发时间赶上早晚高峰，则要提前出发。

我在拜访客户的时候，提前查好路上所需的时间了吗?

_____

_____

_____

_____

_____

_____

✓ **比约定时间早到时的做法**

....

小提醒： 从销售谈判的角度来说，你可以提前到，但不要提前告知。提前告知会让对方觉得你过于重视对方，让你的气场变弱，不利于销售谈判。

....

问题：

如果你和潜在客户约好了具体的见面时间，但你早到了 1 个小时，要如何做呢？

1. 出发前，提前 1 个小时和客户再次确认见面信息。在距离约定的见面时间还有 1 个小时时发微信提醒客户。

示范：

"××总，我们 1 个小时后见，期待和您的见面。"像这样简单的一句话再加一个微笑的表情即可。因为是初次见面，关系不熟，所以不要发大的图片式的动态欢乐的表情，否则会显得不够正式，与身份不符。

(1) 我在拜访客户时，如果提前 1 个小时到了，我给对方发的信息是什么？

_____

_____

2. 如果约在对方公司，且对方公司乘电梯不需要刷卡，可以提前 5 分钟发微信告诉对方。

示范：

"您好，××总，我到您公司楼下了，我现在上去是否方便？"

(2) 我在拜访客户时，如果提前 5 分钟到了，我给对方发的信息是什么？

_____

_____

3. 如果提前 1 个小时到达约定的第三地点，可以提前 15 分钟告诉对方。

示范：

"××总，我到了，我在××处等您。"

但不要在提前 1 个小时到的时候就告诉对方。这是因为，如果你提前 1 个小时就告诉对方"我已经到了，您不要着急"，虽然看似很礼貌，但也会让对方感受不佳，他会有种自己迟到的错觉。

(3) 我在拜访客户时，如果提前 15 分钟到了，我给对方发的信息是什么？

---

4. 如果约在第三地点，要提前到。

如果约在第三地点，如茶室或咖啡厅，可以提前问客户是否开车，帮客户找好车位。

....

小提醒： 按照你预约的客户的层次，预先了解对方是否有车。如果明知道客户没有车，还故意问是否开车，就有失礼节，所以要视具体情况而定。如果可能的话，你可以提前安排好喝茶或喝咖啡的位置，在门口等待客户，而不是在座位上等待。

用文字描述标志性建筑物，或者直接拍一张你所在的室内位置的照片，发给对方。

....

示范：

"我在这里等您。"

"××总，一会儿您到了告诉我，我下楼接您。"

(4) 我在拜访客户时，如果提前到了，我的做法是什么？

_____

_____

_____

_____

第二十二部分

客户迟到时的做法

一、做好见面时间的确认

在你第一次和潜在客户见面时，因为对方还没有真正感知到你的价值和专业性，所以也许不会重视准时这件事。

如果对方迟到 30 分钟以上，而你又很重视这次见面，那么你该做什么呢？

这里，我们先把视线放到约定时间的前一周，那时，你要与对方确认见面时间。按照时间节奏来确认对方的行程和时间安排是否有变化，同时也起到小提醒的作用。

....

小提醒：为了避免对方在工作的间隙时间匆匆见你一面，提前确认好时间非常关键。

不用担心会打扰到对方，因为只要你是礼貌的，就不会被认为是一种打扰。如果对方临时有变化，你还有机会约下次见面的时间，而不是对方临时有事，告诉你下次再约，就没有后续了。

....

1. 在见面前一周，再次确认见面地点和时间。

示范：

"您好，××总，您下周什么时间方便？我去您公司拜访您。"

"好的，那我就下周一上午 9 点去您公司。"

"××总，上午 9-10 点您方便吗？我为您准备了 ×× 资料，大概需要一个小时，和您做汇报、交流。"

(1) 我在拜访客户时，在见面前一周，要给客户发什么
    内容的信息？

_____

_____

_____

---

2. 在见面前一天，与对方确认第二天的拜访。

示范：

"××总，明天上午9点就能见到您了，很期待和您的见面。"

---

(2) 我在拜访客户时，在见面前一天，要给客户发什么
    内容的信息？

_____

_____

_____

3. 在见面前一个小时，告知对方自己已经出发。

示范：

"您好，××总，我已经出发了，一个小时后见。"

(3) 我在拜访客户时，在见面前一个小时，要给客户发什么内容的信息？

_____

_____

二、等待时的做法

第一件事：为接下来的见面再次做准备。

比如，你可以规划一下在接下来见面的1小时内的交流节奏，为各个部分的沟通和产品展示设定好时间。尽量在20分钟内把事情表达清晰，并且有说服力。

因为虽然你们约的是一个小时，但是完全有可能因对方公司临时有事，导致你们的对话被打断，或者提前结束，所以在等待的时间里，你可以提前演练。

(1) 我在等待客户的时间里，是否有预演的习惯？我该怎样做？

_____

_____

_____

第二件事：看与个人成长或你的项目相关的信息。

在任何情况下都不要浪费时间，学习与自我成长及你的项目相关的信息，会让你增加信心，不要在等待中焦虑地刷与你无关的短视频。

这是因为，在他人见到你的第一时间，你当时的表现会直接影响对方对你的看法。人们会根据首先映入眼帘的信息来形成对他人的第一印象。

(2) 我在等待客户的时间里，是否有不浪费时间的习惯，我该怎样做？

_____

_____

_____

第二十三部分

初次见面时
快速建立信任

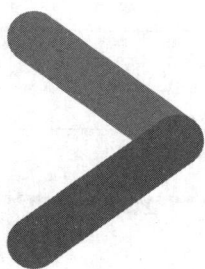

>

一、初次见面时准备小礼物

小提醒：因为你们是第一次见面，并且你并不是有求于对方，所以你可以准备一些轻量级的小礼物，作为表达心意的见面礼即可。

1. 礼物不要太贵重

贵重的礼物容易让对方有优越感，并且长此以往会变成你的经济负担。

(1) 今天拜访客户，我选择带什么样的礼物呢?

_____

_____

2. 我想送水果作为见面礼

开箱检查小提醒：精致的品牌水果带有包装，你并不知道水果的实际情况，所以要开箱检查，避免他人收到后发现品质问题。

✓ 建议买小而精的水果；

✓ 逢年过节除外，平日里尽量不要购买水果；

✓ 可以是最近采购或亲自种植的、本地没有的水果；

✓ 可以是某个产地的新鲜时令水果。

(2) 我今天拜访客户，如果要选择水果，我要送什么呢？

_____

_____

_____

_____

3. 节假日的礼物

如果赶上节假日，可以送茶或时令礼盒作为礼物，比如粽子礼盒、月饼礼盒等。但是，不要忘记在卡片上手写祝福语。

(3) 我今天拜访客户，正好是节假日，卡片祝福语要如何写呢？

_____

_____

_____

_____

4. 选择红酒和茶作为礼物

茶和红酒也是很多人准备见面礼时的首选。但如果你的茶或红酒没有什么特别之处，就尽量不要送，因为对方不知道价格，也容易转送给他人。

(4) 我今天拜访客户，如果选择有庆祝意义的礼物，我在见面时要怎样表达呢?

_____

_____

5. 注意拜访时的场景

送见面礼，心意大于一切。

遇上对方加班的场景: 买热乎的食物，不要认为便宜就不好，要符合场景需求，用心是最重要的。

(5) 我今天拜访客户，如果他正在加班，我准备什么见面礼比较合适呢?

_____

_____

6. 送自己公司上市的产品或自己所售卖的新品

如果你公司的某个产品刚刚上市，或是自己所售卖的新品价格不是特别贵重，那么也可以作为见面礼。注意产品要价格适中且品质优良，要突显性能或质感。

示范：怎样送给对方？

"这次和您见面，我给您准备了一份小礼物，是我公司目前新上市的一款产品，您体验体验，也请帮我多多提建议。"然后简单说一下使用方法即可。

小提醒：为什么产品明明很好，还要说"请多多提建议"？

请对方多多提建议，这句话可以弱化送礼的感觉，减轻对方收礼的心理压力。以请对方试用、让对方作为首批用户提出使用心得的角度送礼物，更容易让人接受。

(6) 今天拜访客户，我想送他一款自己公司研发的新品，我要怎样表达呢？

_____

_____

_____

✓ **控制介绍产品的好处和使用方法的时间**

不要像卖产品一样详细说明产品的特点、好处和客户反馈等。

你要清楚，此时是送礼，不是销售。如果不控制时间，而是详细地讲述产品的好处和使用方法等内容，就会让对方感到不适，好像收了你一个大礼一样。要记住，所送的礼物不一定是潜在客户真正所需的，这仅仅是一个建立信任的媒介而已。

---

(7) 今天拜访客户，我是否注意到了送礼物的情境不等同于销售产品展示？

_____

_____

_____

✓ **不要说"别忘了帮我多做推荐"**

不要客户刚刚接过你的礼物，你就和他说："等你用好了，别忘了帮我多做推荐。"这句话看似很大方，但会暗示客户是你的"小白鼠"或你的销售人员，无意中给对方下了"任务"，这样的语言会抵消送礼的价值。

(8) 我今天拜访客户，在见面送礼物的时候，我是否记得不要说"别忘了帮我多做推荐"之类的语言？

二、在对方表达观点时，记笔记

随身携带工作笔记，在拜访交流时，记录潜在客户传递的信息，这会有助于建立信任，会让对方认为自己讲的话有价值，受到你的重视。

记笔记有两个好处：

第一，使对方表达的信息更多，愿意和你讲述更多内容。

第二，对方传递的信息越多，你从更多视角了解对方的机会就越大。

小提醒：记录的内容

✓ 记录潜在客户的背景信息

示范：

"××总，您请说，我记录一下您的需求以及对我们的产品和服务的要求。"在客户表达时，打开手写本，客户一边说，你一边记录他的一些观点。（不用每句话都记下来，记重点即可。）

**(1) 我今天在拜访客户时，想要记录对方的信息，我要
怎样说呢?**

_____

_____

> ✓ **记录潜在客户认同或有异议的部分**
>
> 记录客户对产品的评价，当他人能够坦诚地和你说出负向评价，这其实
> 隐藏着一种未被满足的潜在需求。
>
> 你可以做好记录，等客户都说完了以后，按照你记录的重点，整理出潜
> 在客户的需求，给出能够满足对方预期的方案和你自身的价值。
>
> 如果对方说出的是正向评价，那么你就可以继续问对方："×× 总，
> 感谢您对这个行业的认可，请问，您对我们还有没有其他要求……"最
> 后，不要害怕客户提要求。

**(2) 我今天在拜访客户时，记录潜在客户认同或有异议
的部分了吗?**

_____

_____

✓ 记录潜在客户有价值的观点

你在和潜在客户交流时，自然不会只围绕着产品说话。当对方传递出他的价值观、态度、建议等时，你可以记录对方说的话。然后，在这次见面即将结束时，你可以利用自己做的笔记，向对方反馈你的收获。

示范：

第一句话："××总，今天和您见面非常愉快，我会按照您的要求，××天内给您出一套方案。"

....

小提醒：

按照记录的内容给对方回馈，这代表着你的工作效率，也为第二次约客户做好了铺垫。

....

示范：

第二句话："今天和您的交流，让我学到了很多。您说的 ×× 这几点，非常适用于我现在面临的情况，对我价值非常大。感谢您！"（××处的内容可以分条列出。）

把你记下来的观点结合自己的理解表达出来，如果记不住，照着笔记念出来也可以。把对方的原话复述出来，会有不错的效果。

(3) 我今天在拜访客户时，记录潜在客户有价值的观点了
     吗？今天的客户在交谈中有哪些有价值的观点呢？

_____

_____

_____

_____